La Magia y Tú

Sobre la Autora

Migene González-Wippler es una antropóloga y escritora puertorriqueña, quien ha escrito más de dieciocho libros sobre la magia y el ocultismo. La señora González-Wippler tiene un Bachiller en Sicología y Antropología de la Universidad de Puerto Rico y una Maestría (Masters) en Antropología de la Universidad de Columbia en Nueva York. Sus libros, sobre el tópico de la Santería, son utilizados como textos de estudio en muchas universidades en Estados Unidos, Latinoamérica y Europa. La señora González-Wippler también ha escrito un libro muy famoso sobre la cábala Hebrea e infinidad de libros y artículos sobre la interpretación de los sueños, la magia del amor, la brujería céltica, la evolución de la magia, y muchos otros temas. Sus libros se encuentran en todas las bibliotecas públicas. Tanto en Europa como en los Estados Unidos, Migene González Wippler es considerada como una de las más famosas y eminentes exponentes de la magia. Su fama es internacional. Su obra ha sido grandemente elogiada por la crítica y descrita en varias enciclopedias de literatura, como la famosa Enciclopedia Americana de Autores Modernos. La señora González-Wippler es también una destacada conferencista y ha aparecido en infinidad de programas de radio y televisión, tanto en Latinoamérica como en los Estados Unidos.

La Magia y Tú

Migene González–Wippler

1999
Llewellyn Español
St. Paul, Minnesota 55164-0383
U.S.A.

Diseño de la portada: Tom Grewe

PRIMERA EDICIÓN
Segunda Impresión, 1999

Librería del Congreso. Información sobre esta publicación.
Library of Congress Cataloging-in-Publication Data

95-238092
ISBN 1–56718–332–8

Llewellyn Español
Una división de Llewellyn Worldwide, Ltd.
P.O. Box 64383, Dpto. 332-8
St. Paul, Minnesota 55164-0383 U.S.A.
www.llewellynespanol.com

Este libro es dedicado a todos mis lectores y a mis estudiantes con mi más profundo cariño y agradecimiento.

Otros libros publicados por la autora

En Inglés:

   The Santeria Experience
   The Complete Book of Amulets and Talismans
   The Complete Book of Spells, Ceremonies and Magic
   Dreams and What They Mean to You
   A Kabbalah for the Modern World
   Rituals and Spells of Santería
   Santería: The Religion
   Santería: African Magic in Latin America
   Pataki: Legends of Santería
   Tales of the Orishas
   The Seashells
   Powers of the Orishas

En Español:

   Santería: Magia Africana en Latino América
   Una Kabbalah Para el Mundo Moderno
   Sueños y lo que Significan Para Usted
   El Libro Completo de los Amuletos y Talismanes
   La Magia de las Piedras y los Cristales
   Peregrinaje

Tabla de Contenidos

1. Dios y la Naturaleza

Dios es la fuerza creadora del universo. Todas aquellas personas que dudan de la existencia de Dios sólo tienen que observar a la naturaleza para convencerse de la presencia de una fuerza sobrenatural en todo lo que existe. Desde la hoja de un árbol hasta el perfume sutil de una rosa, desde el llanto de un recién nacido hasta la circulación de la sangre y la magnitud del cerebro humano, todo en la naturaleza pregona el poder de la fuerza creadora de Dios. Hasta ahora, la ciencia no se puede explicar la evolución de la vida en la tierra ni cómo la primera célula—origen de la vida—fué creada. Y lo más extraordinario e incomprensible es que todo lo que existe, desde la más pequeña hormiga hasta el ser humano, proviene de la misma célula original. Es inconcebible que todo lo que existe en la tierra y el universo sea el resultado de un accidente cósmico. No hay más que una sola explicación para la creación y esa explicación es el Poder de Dios. El gran físico Albert Einstein, quien era un gran creyente en Dios, dijo una vez: "Dios es sutil pero no malicioso." Es decir, todo en la naturaleza y el universo ha sido creado con gran maestría y delicadeza pero no con la intención de confundir al hombre, sino con la idea de engrandecer su mente y pulir su espíritu.

Dios es sólo uno. Todas las diversas religiones y cultos adoran al mismo Dios, con distintos nombres. Los árabes lo conocen como Allah, los judíos lo llaman Jehovah, los hindúes lo llaman Brahma, los santeros le dicen Oloddumare, pero en realidad todos están adorando a la misma fuerza porque Dios tiene muchos nombres y muchas facetas. El más grande pecado y la mayor ofensa que se le puede hacer a Dios, es negar que El es el único Dios que existe. El que piensa que los dioses de los egipcios y los dioses de los brujos y los indios aztecas son fuerzas distintas, que no son el Dios verdadero, está negando la unidad de Dios porque en realidad no existe NADA fuera de El. Esa es la primera y más grande verdad que tiene que aprender el ser humano. *Dios Es Solo Uno y No Existe Nada Que No Sea Dios*.

La existencia de Dios ha sido comprobada por la ciencia moderna hace ya muchos años. Creer en Dios no es sólo un acto de fe, es una realidad científica.

Dios en la naturaleza se expresa en millares de formas. Su energía cósmica existe en cada hoja, en cada grano de arena, en fin, en todo lo que existe. Algunas sustancias tienen una concentración de energía más poderosa que otras y por eso se utilizan en trabajos de magia. Entre estas sustancias están ciertas plantas, árboles, frutos, raíces y piedras. Al utilizarlas en la magia, la energía cósmica de cada sustancia le dá más fuerza a la intención del trabajo mágico y lo hace más potente y efectivo.

Todo lo que existe en la naturaleza está bajo el dominio del ser humano, ya que Dios le dio al hombre control sobre la tierra y todo lo que hay en ella. Pero esto también significa, que nosotros como seres humanos, tenemos la responsabilidad de cuidar de la naturaleza y no abusar de ella. Dios le dió al hombre libre albedrío para escoger el bien o el mal, pero también creó varias leyes cósmicas las cuales

2

no se pueden infringir. Cuando el ser humano infringe una de estas leyes, tarde o temprano recibe el castigo por su falta. Todas las diferentes religiones tienen libros sagrados donde estas leyes—todas similares—están escritas. Tanto para los judíos como para los cristianos estas leyes están claramente expresadas en la Biblia. Nosotros las conocemos como los 10 Mandamientos. Pero existen otras leyes en la Biblia, conocidas como los Juicios y Estatutos, las cuales son también importantes. Estas leyes están delineadas en el Libro de Levítico y el Libro de Deuteronomio en el Viejo Testamento.

Muchas personas piensan que la llamada magia no es otra cosa que pura superstición o ignorancia. Otras creen que la magia es una ofensa a Dios y como tal es pecado. Ninguna de las dos cosas es cierto. Dios hizo al ser humano libre para escoger su vida y le dió, como guía, una serie de leyes para observar. Mientras el ser humano no rompa esas leyes, puede hacer con su vida lo que quiera. Eso incluye la magia. Pero ¿qué es la magia y cómo funciona?

La magia no es otra cosa que la intención de cambiar algo que no nos gusta en nuestra vida o de atraer algo que deseamos hacia nosotros. Esa intención, utilizando rituales e ingredientes especiales, se conoce como magia. De manera que la magia no es otra cosa que el ejercicio de la voluntad humana, algo que Dios nos dió al crear al ser humano. En cuanto a su funcionamiento, la magia trabaja a través del poder mental, lo cual es enteramente natural y aceptable por la ciencia moderna. La magia no es superstición, es realidad.

2. El Poder Mental

El cerebro emite descargas eléctricas, las cuales pueden ser medidas por un aparato llamado electroencefalógrafo. El pensamiento es una de las más poderosas descargas eléctricas emitidas por el cerebro. Cuando el pensamiento está concentrado con fuerza en algo o alguien, esa descarga eléctrica es recibida por el objeto del pensamiento. Si se trata de una persona, ese individuo recibe el pensamiento que le llega en forma de una imagen o de un nombre. Como la mente humana funciona sólo a través de imágenes, la mejor forma de hacerle llegar un mensaje a otra persona es imaginando a esa persona haciendo aquello que nosotros deseamos que haga. Si queremos que nos escriba, imaginamos que la vemos escribiéndonos una carta, si deseamos que nos llame, imaginamos que la vemos llamándonos por teléfono. Tan pronto hemos creado esa imagen imaginaria, rápidamente ponemos la mente en blanco. De esta manera, liberamos el pensamiento para que pueda llegar a la persona que deseamos influir. Esta es la explicación del fenómeno conocido como telepatía. Muchas veces mandamos mensajes telepáticos a otra persona sin saber que los estamos mandando. Muchos de estos mensajes son de orden negativo e influyen de una forma negativa en esa persona, a quien a lo mejor nosotros amamos o deseamos atraer hacia nosotros. Es por esto, que es importante controlar todo pensamiento nocivo, de malevolencia o de odio, porque pueden hacer daño a la persona que los recibe, a no ser que ésta sepa protegerse de estos ataques "síquicos." Los sentimientos de duda, miedo o celos también pueden ser percibidos por una persona, muchas veces con resultados catastróficos.

El pensamiento funciona de una forma parecida al telégrafo. El mensaje mandado por el cerebro viaja a través de las ondas eléctricas en el aire y llega a la persona en quien estamos pensando sólo cuando esta persona está en un estado de recepción. Es decir, si está durmiendo o está pensativa o descansando. Si la persona está concentrada en algo especial como su trabajo o algo que requiera concentración mental, el mensaje que se le envía puede perderse. Por eso es que muchos trabajos mágicos se hacen de noche o a las doce del día, cuando casi todo el mundo está descansando o durmiendo. Muchas veces, cuando la persona que manda el mensaje tiene un poder mental fuerte, el mensaje puede llegar, aunque la otra persona esté ocupada o concentrándose en algo.

Según el cerebro emite descargas eléctricas, así también las emite el resto del cuerpo. Esta electricidad o energía eléctrica rodea al cuerpo como un halo de luz, el cual muchas veces puede percibirse. Esta energía eléctrica se conoce como el aura y todo lo que existe, incluyendo las plantas y los animales, también la tienen. El aura es magnética y puede atraer elementos, tanto positivos como negativos. Por eso es importante mantenerla limpia. Hay varias sustancias que ayudan a purificar al aura, como el agua, el amoníaco, el alcanfor, y ciertas plantas, flores y esencias. Un envase de agua clara con un poco de amoníaco o un pedacito de alcanfor adentro sirven para recoger muchas de las vibraciones impuras que el aura recoge constantemente. Una botella de alcohol o de agua florida con hojas de plantas dulces, como la menta, la yerbabuena, la mejorana y la salvia, también limpian el aura si el cuerpo se frota con este líquido. Pero la mejor forma de purificar el aura es a través de la meditación. Esto no es tan difícil como parece.

Hay muchos tipos de meditaciones. La más fácil y más efectiva es la que se hace por la noche antes de dormir. Lo primero que debe hacer la persona es relajar todo el cuerpo, empezando por los pies, y ordenar a cada parte del cuerpo que vaya relajándose hasta llegar al cuero cabelludo. Cuando el cuerpo está totalmente relajado, se visualiza, es decir se imagina, que todo el cuerpo está rodeado de un halo de luz blanca que lo envuelve como una especie de bola brillante. La persona respira hondo, pero lentamente, mientras cuenta hasta cuatro. Retiene la respiración también contando hasta cuatro. Y expele el aire hacia afuera también contando hasta cuatro. Esto se repite cuatro veces. Mientras se respira, se mantiene la mente en blanco. Este simple acto purifica el aura, limpia la mente de muchas toxinas y le da vigor al cerebro. Inmediatamente después de esta simple acción, la persona trata de dormirse. Si desea conseguir algo especial, procura tener una sarta de cuentas o de perlas, y mientras le llega el sueño, empieza a pasar las cuentas repitiendo en cada una lo que desea lograr. Este estado soñoliento, donde la persona está entre dormida y despierta, se conoce como el estado *alfa*, y es cuando es más fácil es ponerse en contacto con nuestro subconsciente, el cual es quien nos puede alcanzar todo lo que anhelamos. Esta meditación se repite todas las noches por un período mínimo de una semana o nueve días, siempre concentrando y pidiendo la misma cosa.

Esta meditación se puede repetir por las mañanas, sentada la persona frente a una mesita donde ha colocado una vela blanca encendida. Durante el ejercicio de respiración, la persona imagina que la luz de la vela y el calor de la llama se unen a su aura, haciéndola más fuerte y dinámica. Si la persona tiene hijos o algún ser amado que desea proteger, debe imaginar a esa persona rodeada de un halo de luz blanco o azul pálido. Esa persona va a recibir esa protección y su aura va a ser también purificada.

Durante estas meditaciones, la persona rechaza todo mal pensamiento o vibración impura, ya venga de ella misma o de otra persona que le quiera hacer daño. Durante el resto del día debe evitar la ira, los celos y todo sentimiento negativo, ya que todo pensamiento impuro se refleja en el aura, oscureciéndola. Cuando el aura está muy cargada u oscura, la persona puede enfermarse, ya que el cuerpo no puede recibir energía dinámica del infinito. Un aura cargada también atrae la mala suerte y cosas desagradables. Por eso repito que es importante mantener el aura limpia. Y eso se logra a través de sustancias purificadoras como ya he explicado, y a través de la meditación.

El efecto de la oración es siempre más fuerte cuando se hace durante o después de la meditación. Igualmente todo tipo de magia funciona mejor cuando se ha meditado, ya que el aura está clara y fuerte y la mente está despojada de vibraciones impuras.

3. La Magia

Hay dos tipos de magia: la magia blanca y la magia negra. La magia blanca es todo aquello que se hace para atraer el bien hacia nosotros o hacia otra persona. La magia negra es toda acción que tiene como objetivo hacer el daño a otra persona.

Partes de la magia blanca son la magia roja y la magia verde. La magia roja es la magia del amor. La magia verde es la magia de la naturaleza, la cual incluye todo tipo de curaciones y de sustancias, objetos y animales. El sistema mágico utilizado por la Santería, por ejemplo, está largamente basado en la magia verde, el cual es a su vez parte de la magia blanca.

Toda magia de protección es magia blanca porque el ser humano tiene el derecho a proteger su cuerpo y su espíritu en contra de cualquier peligro que lo aceche. Esto es parte del instinto de preservación. Sólo cuando una persona intenta hacer daño a otra sin razón o por venganza, es la magia llamada magia negra. Toda la magia negra es extremadamente peligrosa ya que todo en el universo está regido por leyes inmutables. Todo el mal que se hace regresa al que lo hizo más tarde o más temprano. Por eso la magia negra es un puñal de dos filos y debe evitarse a toda costa.

4. La Ley del Tres

La venganza es una de las acciones más instintivas en el ser humano. Toda ofensa y todo daño recibido ya en nuestra propia persona o en la de un ser querido, evoca inmediatamente el deseo poderoso de la venganza, o lo que es lo mismo, el deseo de ver la justicia realizada en la persona que nos hirió u ofendió. Este es un sentimiento natural porque el espíritu humano se nutre de amor, y cuando el amor le es negado, o recibe odio y malevolencia a cambio, el espíritu sufre intensamente y desea devolver ese sentimiento o ese daño a quien lo ocasionó. Desafortunadamente, el ser humano no tiene suficientes conocimientos espirituales ni suficiente control propio para llevar a cabo un castigo justo y perfecto a quien lo merece. Por eso Dios, en su gran sabiduría, se ha reservado la venganza como un derecho divino, prohibiéndole terminantemente al ser humano hacer uso de ella. Es decir, la venganza le pertenece exclusivamente a Dios, y ninguno de nosotros tiene derecho a utilizarla, no importa cuán terrible o penoso sea el daño o la ofensa recibida.

La justicia de Dios es implacable y su juicio perfecto. Nadie escapa a ese juicio y esa justicia, y nadie sabe castigar ni utilizar la venganza con la precisión y la fuerza de Dios. Si alguien te ofende o te hiere, entrega esa persona a Dios.

11

Limpia tu corazón de resentimiento para que Dios vea que has perdonado. Entonces, espera tranquilamente a ver lo que pasa con esa persona. Te aseguro que lo peor que tú le hubieras podido hacer palidece en comparación con lo que va a recibir de Dios mismo, si en verdad lo merece. Porque recuerda, Dios ve todas las cosas exactamente como son, no como nosotros las imaginamos, muchas veces erróneamente. Dios no castiga al inocente, sólo al culpable, y a éste, sólo en la medida que le corresponde.

En la magia existe una ley conocida como La Ley del Tres, la cual es una ley de justicia cósmica. La Ley del Tres dice así: "Todo aquel que me hace daño, recibirá a cambio tres veces el mal que a mí me hizo. Todo aquel que me hace bien, recibirá a cambio tres veces el bien que a mi me hizo. Igualmente, todo aquel mal que yo haga a alguien, y todo bien, lo recibiré tres veces."

Toda persona que se cobija bajo la Ley del Tres, ve sin fallar la justicia y la venganza de Dios en quien le hace daño, y su recompensa a quien le hace bien, multiplicado tres veces. Pero también sus propias acciones son castigadas y recompensadas tres veces. Sólo aquellas personas con un gran sentido de justicia y fe en Dios deben cobijarse bajo esta ley ya que puede ser fácilmente un cuchillo de dos filos.

5. El Poder de la Luna

La luna es extremadamente poderosa en la práctica de la magia. Como todos ustedes saben, la luna tiene dos fases. Estas son, la luna creciente y la luna menguante. La luna creciente empieza con la luna nueva y termina con la luna llena. La luna menguante empieza con la luna llena y termina con la luna nueva. Toda magia positiva, como la magia amorosa y de dinero, se debe hacer durante la luna creciente, es decir, durante las dos semanas que van de luna nueva a luna llena. De esta manera, el trabajo mágico recibe la fuerza positiva lunar. La luz que emite la luna menguante es de orden negativo y es usada generalmente en trabajos de magia negra o cuando se desea romper unas relaciones dañinas. Pero en general, es preferible usar la luna creciente en todo tipo de trabajo mágico positivo. Para saber en qué fase está la luna en cualquier momento, sólo es necesario tener a mano un almanaque que tenga esta información. Muchas veces los periódicos también indican las varias fases de la luna.

6. Tu Número y Tu Palabra Mágica

Cada persona tiene un número, un color, una piedra, un animal, un metal, una flor y un ángel guardián que le son adjudicados al nacer. Estas correspondencias astrales se conocen de acuerdo con el día de nacimiento de cada individuo o de su signo zodiacal. Cuando la persona conoce esta información, puede utilizarla para su propia ayuda. Por ejemplo, cuando se sabe el número natal, ese número se puede utilizar en el juego o planeando actividades importantes el día de ese número. Personas cuyo número es el cinco, aprovechan los días cinco de cada mes para sus decisiones vitales. Asímismo, si se sabe que la piedra de la persona es la esmeralda y su metal el cobre, se puede mandar a hacer una sortija hecha de cobre adornada por una esmeralda y utilizarla como un amuleto de la buena suerte. Si la flor de la persona es la rosa, siempre debe tener rosas a su lado, y si su animal de la buena suerte es el elefante debe tratar de conseguir una imagen de ese animal y tenerla siempre a su lado. Por otra parte, utilizar a menudo el color que le corresponde, o tener consigo siempre un pañuelo de ese color, ayuda a fortalecer el aura y a atraer lo que se desea.

De acuerdo con la Biblia, Dios creó el universo a través de la palabra. Por esa razón, el sonido articulado es de una gran importancia en todo tipo de magia. Para alcanzar lo que se desea es preciso expresarlo a través de la palabra. Cada persona tiene una palabra o sonido especial cuyas vibraciones son de gran importancia para ella, y la ayudan a consolidar su voluntad y su deseo. Para saber cuál es la palabra que le corresponde a una persona se puede utilizar una Biblia o un diccionario. La persona cierra los ojos, concentra su pensamiento en averiguar su palabra, y abre el libro al azar. Aún con los ojos cerrados, pone el dedo índice sobre la página derecha donde se abrió el libro. Entonces abre los ojos y lee la palabra que está directamente debajo del dedo. Si la página está en blanco, se repite todo de nuevo. Tan pronto se sabe la palabra, se la recuerda siempre y se la utiliza en cualquier carta importante que se escriba, o se pronuncia cuando se le pide algo a una persona. Por ejemplo, si la palabra es "lugar," cuando se escribe una carta importante se trata de utilizar la palabra "lugar" en el mensaje, pero de una forma discreta sin que la persona a quien va dirigida la carta se dé cuenta. La palabra personal es de gran ayuda también durante la meditación y concentración, ya que se puede utilizar siempre que se expresa un deseo y eso da mucha fuerza a la intención y al deseo.

Cada signo zodiacal tiene un número que lo rige. Estos números son los siguientes:

Aries	9	Libra	6
Tauro	6	Escorpión	9
Géminis	5	Sagitario	3
Cáncer	2	Capricornio	8
Leo	1	Acuario	4
Virgo	5	Piscis	7

La fecha de nacimiento se conoce como el número del destino. Se consigue sumando el día, el mes y el año de nacimiento. Por ejemplo, una persona nacida el 16 de julio de 1958, tiene que sumar 16, siete (julio), uno, nueve, cinco y ocho. El número de esa suma es 46. Esos dos números también se suman, ya que el número debe ser de una sola cifra del uno al nueve. La suma de cuatro y seis da 10. El uno y el cero también se suman y es número final es uno. Es decir, el número del destino de la persona nacida el 16 de julio de 1958 es el uno. Los meses, como bien se sabe, tienen los siguientes números:

Enero	1	Julio	7
Febrero	2	Agosto	8
Marzo	3	Septiembre	9
Abril	4	Octubre	10
Mayo	5	Noviembre	11
Junio	6	Diciembre	12

El nombre de cada persona también tiene un número adjudicado. Este número se puede conseguir de varias formas.

Se puede conseguir usando el alfabeto pitagórico, el alfabeto caldeo o el alfabeto hebreo. El sistema utilizado por el famoso mentalista Cheiro era el del alfabeto caldeo, el cual, según muchos numerólogos, es el más acertado.

El Alfabeto Caldeo

1	2	3	4	5	6	7	8
A	B	C	D	E	U	O	F
I	K	G	M	H	V	Z	P
J	R	L	T	N	W		
Q		S		X			
Y							

En este alfabeto no se usa el número nueve porque ese es un número sagrado. El nombre de una persona puede sumar nueve aunque este número no aparezca en el alfabeto. La manera de averiguar el número del nombre es el siguiente. Por ejemplo, si una persona se llama Ana Pérez, se buscan los números de las letras de ese nombre en el alfabeto caldeo y se suman hasta que se consiga una sola cifra.

A	1		P	5	6
N	5		E	5	7
A	1		R	2	13= 1 x 3=4
	7		E	5	
			Z	7	
				24 =2 x 4= 6	

El número del nombre Ana Pérez es 13, el cual suma cuatro. Vamos a suponer que Ana Pérez haya nacido el 16 de julio de 1958, cuyo número de destino, según vimos, es el uno. Por otra parte, el 16 de julio cae bajo el signo de Cáncer, cuyo número es el dos. Entonces los tres números combinados del signo zodiacal (2), del destino (1) y del nombre (4) hacen el 214. Ese número combinado puede ser utilizado por la persona en juegos de azar y en cualquier forma que desee para influir su buena suerte. Por otra parte, el 214 suma siete, cuya cifra es el número personal de Ana Pérez y en el cual vibra su aura y su espíritu. Ana Pérez es regida por el número siete y lo que el número siete simboliza. Todo lo que Ana Pérez haga los días siete del mes, o los años que lleven siete en su número, va a ser controlado por ella, para su buena suerte.

7. *Tu Angel, Tu Color y Tu Piedra*

Cada signo zodiacal tiene adjudicado un color, una piedra, una flor y un animal sagrado, entre otras cosas. También cada signo tiene un ángel o arcángel que lo rige. En la lista que sigue están las correspondencias más importantes de cada signo.

Signo	Angel	Color	Piedra	Animal	Flor
Aries	Samael	Rojo	Diamante	Carnero	Almendro
Tauro	Anael	Verde	Esmeralda	Toro	Rosa
Géminis	Raphael	Amarillo	Turquesa	Urraca	Orquídea
Cáncer	Gabriel	Azul	Perla	Cangrejo	Lirio
Leo	Miguel	Naranja	Sardonyx	León	Girasol
Virgo	Raphael	Marrón	Zafiro	Lobo	Narciso
Libra	Anael	Rosa	Opalo	Elefante	Rosa
Escorpión	Azrael	Vino	Topacio	Escorpión	Cacto
Sagitario	Sakiel	Violeta	Rubí	Caballo	Tulipán
Capricornio	Cassiel	Negro	Granate	Cabro	Geranio
Acuario	Uriel	Blanco	Amatista	Oso	Violeta
Piscis	Asariel	Azul claro	Aguamarina	Pez	Loto

Como ya había dicho, el tener nuestra flor a nuestro alrededor a menudo, a la vez que la efigie del animal de nuestro signo, ayuda a fortalecer nuestra aura y a darnos más dina-

21

mismo y fuerza espiritual. El color que nos corresponde y la piedra del signo también deben ser parte de nuestro vestuario o ajuar. En cuanto al ángel o arcángel del signo, ese es el regente principal de cada ser humano que ha nacido bajo ese signo. A ese ángel le debemos pedir en particular en todos los momentos difíciles de nuestras vidas y de vez en cuando prenderle una vela del color del signo. Por ejemplo, al arcángel Miguel se le pueden prender velas anaranjadas porque el naranja es el color del signo de Leo, a quien rige Miguel. A Gabriel, que rige a Cáncer, se le pueden prender velas azules y a Raphael se le prenden velas marrón claro, ya que ese es el color de Virgo, a quien Raphael rige.

La mejor hora para dedicarle una vela a nuestro ángel regente es la una de la tarde o las ocho de la noche en el día que rige el ángel y el signo. A continuación sigue una lista con estos días:

Signo	Día	Angel
Aries	Martes	Samael
Tauro	Viernes	Anael
Géminis	Miércoles	Raphael
Cáncer	Lunes	Gabriel
Leo	Domingo	Miguel
Virgo	Miércoles	Raphael
Libra	Viernes	Anael
Escorpión	Martes	Azrael
Sagitario	Jueves	Sakiel
Capricornio	Sábado	Cassiel
Acuario	Jueves	Uriel
Piscis	Lunes	Asariel

Si una persona del signo de Libra desea prender una vela a su ángel, que es el poderoso arcángel de Venus, Anael, la debe prender un viernes a la una de la tarde o a las ocho de la noche. El color de la vela debe ser rosada ya que ese es el color de Libra. Las velas blancas sirven para todos los ángeles, pero en especial para el ángel de Aquarius, Uriel.

8. El Uso de las Velas

El poder de las velas es generado por la energía que éstas emiten mientras se queman. El fuego es el elemento de la vida humana, es la fuerza que le da vitalidad a la sangre. A través de muchos siglos, el ser humano ha utilizado el fuego como el más grande homenaje y sacrificio a Dios. Durante tiempos bíblicos, los antiguos hebreos quemaban la grasa de los animales que se le sacrificaban a Dios como un homenaje más al Señor. Más adelante, la grasa animal fue sustituida por la cera y de ahí nació la costumbre de quemar velas de cera en honor a Dios y sus santos.

La razón por la cual las velas se le dedican a Dios, principalmente, es porque emiten energía y luz, la cual Dios recibe como un regalo del ser humano. Pero las velas se utilizan también en muchas formas de magia, sobre todo en la magia del amor.

Es importante recordar que las velas tienen dos polos: polo norte y polo sur. El polo norte es la parte de la vela donde está el pabilo o mecha, mientras que el polo sur es la base de la vela. Sólo velas nuevas, que nunca se han utilizado en ningún ritual, se usan en la magia, a menos que las instrucciones indiquen que la vela haya sido usada en otra ceremonia. En la magia amorosa, la vela debe ser "vestida," es decir ungida, con uno o más aceites. Estos aceites añaden energía a la vela, además de identificarla como una fuerza del amor. Para ungirla con el aceite escogido, la vela se toma por el centro y se le aplica aceite del centro hacia el pabilo (polo norte) y luego del centro hacia la base (polo sur). De esta manera la vela está polarizada perfectamente y llena de energía dinámica adicional. En ningún momento se debe ungir la vela corriendo la mano aceitada del pabilo hacia la base o viceversa. La vela siempre se unge del medio hacia el pabilo y del medio hacia la base. Esto es importante recordarlo ya que de lo contrario la vela pierde su polaridad y su energía se pierde, trayendo muchas veces la confusión.

La vela blanca se puede utilizar con oraciones, para protección, para pagar promesas, y sobre todo para dedicarla a Dios y a sus santos. Generalmente la vela blanca no se "viste," es decir, no se unge con aceites especiales antes de prenderse. La vela blanca se usa especialmente para alimentar el espíritu, ya sea el espíritu encarnado de una persona viva, o para el espíritu desencarnado de una persona que ha muerto. Cuando una persona se siente débil, agotada y deprimida, sin deseos de vivir ni de moverse, muchas veces ese decaimiento no es de orden físico, sino espiritual. Y cuando el espíritu se decae, el cuerpo se siente enfermo y la mente confusa y triste. El mejor remedio para revivir al espíritu es prendiendo una vela blanca y dedicándosela, junto a un vaso o copa de agua clara. Muchas veces la vela y el agua se le ponen a nuestro propio espíritu encarnado cuando nos sentimos deprimidos. Pero también se le pueden poner a un ser amado que no se siente bien o que tiene problemas emocionales, aunque esta persona se encuentre lejos de nosotros. Cuando se desea lograr que una persona haga lo que deseamos, se le prende una vela blanca junto a un vaso de agua, y se le ofrece al espíritu encarnado de esa persona y a su ángel guardián, pidiéndole lo que deseamos. Naturalmente no se le puede pedir nada malo para esa persona, ya que ni su espíritu encarnado ni su ángel guardián lo van a permitir. Esto sólo se hace para atraer el bien, la paz, la armonía y el amor o amistad entre dos personas. El agua se ofrece porque el espíritu se refresca y la mente se aclara en las vibraciones límpidas del agua. Muchas veces al agua se le añaden otras sustancias de gran poder anímico, como lo son el amoníaco, el alumbre, pétalos de flores, la clara de huevo y esencias de ciertas flores. Esto sirve para purificar el aura de la persona a quien se hace el ofrecimiento.

Las velas que se ofrecen a los espíritus desencarnados deben ser siempre blancas y nunca se deben encender dentro de una vivienda. Muchas personas tienen lugares especiales dedicados a espíritus de seres fallecidos donde le prenden velas y le hacen otras ofrendas. Los santeros, por ejemplo, tienen una mesa en un lugar apartado donde tienen varias copas de agua y uno o más velones blancos, flores y otras ofrendas a sus seres espirituales. Esa mesa se conoce como la bóveda espiritual. Otras personas prenden velas "a los muertos" en el piso del cuarto de baño. Pero en realidad, el mejor sitio donde se le pueden prender velas a los espíritus desencarnados es en la iglesia. El espíritu es eterno, como la energía cósmica de la cual se alimenta. Cuando se le hace una ofrenda de cualquier tipo, el espíritu se siente atraído al lugar donde está la ofrenda ya que es energía de la cual se nutre. Si la ofrenda se le hace en una casa, el espíritu se acerca ahí, y tal vez ahí se quede esperando nuevas energías. Si éstas no se le dan, puede tomarlas de personas vivas, las cuales van a sentir esa presencia espiritual a su lado, tal vez de forma negativa. Es, por lo tanto, mejor encender velas en la iglesia a personas amadas las que han fallecido. Las velas de colores se utilizan generalmente para influenciar al ángel regente de una persona o para ofrendarlas al nuestro. Para influir en el ángel regente de otra persona y lograr que esa persona haga nuestra voluntad, necesitamos saber la fecha de nacimiento o el signo zodiacal de esa persona. Un ritual simple para atraer el amor de una persona requiere una vela del color astral de esa persona ungida con aceite de amor y la nuestra ungida con aceite atractivo. Las dos velas se encienden la una al lado de la otra a las ocho de la noche del día regido por el ángel regente de la persona amada. Por ejemplo, una mujer llamada Julia, del signo de Libra, desea el amor de un hombre llamado Pedro del signo Escorpión. Julia decide tratar de influir en el ángel regente de Pedro para que ese mismo ángel se lo traiga a los brazos. El color de Escorpión es el rojo oscuro o color vino, su ángel es Asrael y su día es Martes. El color de Libra, el signo de Julia, es el rosa. Así que Julia compra dos velas, una color vino para el ángel de Pedro y una color rosa para su propio ángel. El día martes a las ocho de la noche unge la vela color vino con aceite de amor y la vela rosada con aceite atractivo. Las prende las dos juntas y le pide al ángel San Azrael que llene el corazón de Pedro de amor hacia ella. Deja que las dos velas se terminen. Este ritual lo repite por siete martes o hasta que Pedro se rinda de amor a ella. Como todo tipo de magia, el triunfo de este ritual depende de la fe y la concentración que la persona ponga al hacerlo. Por eso se recomienda hacer un pequeño ejercicio de meditación y de concentración antes de cualquier tipo de magia que se lleve a cabo.

9. El Uso de las Plantas

Las plantas se utilizan en la magia en una gran variedad de formas. Las hojas y las flores se usan especialmente en baños y despojos para limpiar el aura de una persona o las vibraciones impuras de una casa. Las raíces se usan en tés medicinales y en trabajos de amor y de desenvolvimiento. Las cortezas y los palos se usan en trabajos de amarres y de dominio, en magia curativa, en magia de desenvolvimiento y también en trabajos de orden maléfico o negativo.

Las plantas o yerbas se dividen en dos clases: yerbas amargas y yerbas dulces. En ningún momento se deben mezclar estos dos tipos de plantas, ya que al mezclarlas se cancelan sus poderes. Las yerbas amargas se usan en baños y despojos cuando una persona o una casa están especialmente "cargadas" de vibraciones impuras. Las yerbas dulces se usan para atraer influencias positivas como el amor, la paz, la armonía, el bienestar, la prosperidad y el dinero. Pero nunca se deben usar las yerbas dulces antes que las amargas o si el aura de la persona no está lo suficientemente clara. Por eso se recomienda que una persona se dé una serie de baños de yerbas amargas antes de darse baños de yerbas dulces. De esta manera se asegura de que su aura está limpia de influencias

La Magia y Tú

nocivas y lista para recibir las influencias benéficas de las yerbas dulces.

La siguiente lista da varios ejemplos de yerbas dulces y yerbas amargas:

Yerbas Dulces	Yerbas Amargas
Manzanilla	Rompezaragüey
Colonia	Abre Camino
Yerba Buena	Apasote
Mejorana	Anamu
Yerba Luisa	Escoba Amarga
Altamisa	Jobo
Maravilla	Alamo
Berro	Tártago
Albahaca	Ruda
Salvia	Arrasa con Todo
Siempreviva	Yerba Bruja
Menta	Hedionda
Verbena	Cortadera
Mirto	Pata de Gallina
Frescura	Espartillo
Botón de Oro	Quita Maldición
Paraíso	Espanta Muerto
Poleo	Lengua de Vaca
Llamao	Salvadera
Romero	Adormidera
Verdolaga	Zarzaparrilla
Malva	Amanza Guapo
Saúco	Higuereta

Cualquier combinación de tres, cinco, siete o nueve yerbas amargas hervidas en agua hacen un excelente baño lustral para destruir vibraciones impuras y aclarar el aura. Por lo menos, se deben dar tres baños en tres noches consecutivas. A cada baño se le debe añadir un poco de agua bendita y de amoníaco, después que el baño ha sido hervido y colado. Al salir del baño se recomienda prender una vela blanca para el espíritu encarnado de la persona y su ángel guardián.

Después de haberse dado la serie de baños preparados con yerbas amargas, es posible y deseable darse otra serie de baños con yerbas dulces. También estos baños llevan tres, cinco, siete o nueve yerbas dulces. Se deben dar igualmente por lo menos tres de estos baños. A los baños dulces también se les pone agua bendita, pero no amoníaco. También se les puede añadir miel, azúcar negra, canela, y el perfume favorito de la persona.

10. Baños y Despojos

Los baños y los despojos se utilizan para limpiar el aura de una persona, pero los despojos también se pueden usar para limpiar una casa, un negocio o un objeto cualquiera de vibraciones impuras. Muchas personas "limpian" sus automóviles, sus joyas y hasta sus animales domésticos con despojos especiales.

Generalmente los despojos se hacen antes que los baños. Cuando una persona se siente especialmente "cargada" de influencias negativas, cuando todo le va mal y se siente siempre cansada, deprimida o confusa, se le recomienda darse un despojo, una serie de baños con yerbas amargas y otra serie de baños con yerbas dulces. A continuación voy a presentar un grupo de despojos para el hogar, para el negocio y para la persona.

Despojos Para el Hogar

1. Uno de los despojos más simples para una casa es llenar un cubo de agua y añadirle amoníaco, agua florida, agua de rás y agua bendita y rocear esa agua por toda la casa, especialmente en las esquinas, detrás de las puertas y frente a la puerta de entrada.

2. Otro despojo simple para una casa es regar cubitos de hielo en todas las esquinas. Esto es muy efectivo si en la casa hay muchas discusiones. Mantener matas de violetas en un hogar

33

es excelente para atraer la armonía y alejar las vibraciones impuras.

3. Un despojo que recomiendan mucho los santeros es hervir la yerba quita maldición, colar el líquido, enfriarlo y añadirle agua bendita. Luego con un manojo de hojas de laurel ese líquido es regado por toda la casa. Los santeros aconsejan sumergir el laurel en el líquido y azotar con él las paredes de la casa.

4. El agua de coco regada frente a la puerta y ventanas de una casa es excelente para limpiar influencias nocivas.

5. Cruces de anamu amarradas con cinta roja se ponen sobre los dinteles de las puertas y ventanas de una casa para rechazar fuerzas impuras.

6. Una paloma blanca con las patitas amarradas con cinta roja se pasea por toda la casa dejando que las alas revoleteen. Luego se le desatan las patitas y se deja libre. La cinta se bota a la basura. Es importante sostener la paloma en las manos con delicadeza mientras se hace la limpieza para que el animal no se maltrate.

Despojos Para el Negocio

1. Todos los despojos que se hacen en el hogar también se pueden utilizar en los negocios.

2. Las hojas de boldo se esparcen en todas las esquinas del negocio para limpiarlo de malas influencias.

3. Un puñado de hojas de trébol se ponen en un vaso de vinagre por tres días. Luego ese líquido se esparce por el negocio para despojarlo de influencias impuras.

4. Una mata de mejorana se mantiene constantemente en el negocio para alejar la mala suerte.

5. La entrada del negocio se lava todos los martes con agua fresca a la que se ha añadido amoníaco, agua de mar, agua de río, agua de lluvia, agua bendita y añil.

Baños y Despojos

Despojos Para la Persona

1. Se cubren tres huevos con manteca de corojo y se rocean con ron y humo de tabaco. Luego se pasan por todo el cuerpo de la cabeza a los pies y se rompen en tres esquinas distintas.
2. Se cubre un poco de carne de res con manteca de corojo y se rocea con ron y humo de tabaco. Luego se pasa por todo el cuerpo y se lleva a un ferrocarril. Este es un despojo muy recomendado por los santeros los cuales aconsejan dejar siete centavos junto a la carne en las vías del ferrocarril.
3. Hacer la Oración de San Luis Beltrán con un vaso de agua y una vela blanca.
4. Se limpia la persona con una mezcla de diferentes clases de habichuelas o minestras pidiendo la protección de San Lázaro. Las minestras se envuelven luego en un pedazo de tela azul y se tiran a la basura.
5. Se le saca el agua a un coco fresco y se vacía el agua del coco sobre la cabeza de la persona.
6. Se le espolvorea un poco de cascarilla en las cabecitas a dos palomas blancas y luego se pasan las dos palomas por todo el cuerpo. Al terminar el despojo las palomas se echan a volar.

Después que la persona ha hecho uno o varios de los despojos mencionados, puede proseguir con una serie de baños para completar la limpieza de su aura.

Baños Para Alejar Malas Influencias

1. Hervir juntas las siguientes yerbas: tártago, pasote y anamú. Colar el líquido y añadirle amoníaco y agua bendita. Echarse tres de estos baños por los hombros.

2. Dejar pasar tres días. Hervir arrasa con todo, rompezaragüey, quita maldición, espanta muerto y abre camino.
Colar el líquido y añadirle amoníaco y agua bendita. Darse
tres de estos baños.
3. Dejar pasar tres días. Hervir brazo fuerte, cáscara sagrada,
cortadera, ruda y salvadera. Colar el líquido y añadirle
amoníaco, agua bendita y un poco de miel. Darse tres de
estos baños.

Después de cada baño, encender una vela blanca al ángel
guardián de la persona y rezar el Salmo 23. Todos los baños
se echan por los hombros, nunca por la cabeza.

Baños de Desenvolvimiento

Hervir albahaca, altamisa, yerba buena, mejorana y salvia
con flores blancas. Colar el líquido y añadirle cascarilla, manteca de cacao, una clara de huevo, azúcar blanca y agua
bendita. Darse tres de estos baños.

Baños de Triunfo

Hervir eucalipto, flor de cerveza, laurel, menta y salgazo. Colar el líquido y añadirle miel, agua Florida y agua bendita.
Darse tres de estos baños.

Baños Para Sellar la Buena Suerte

Hervir rosas blancas junto con la yerba conocida como colo-
nia. Colar el líquido y añadirle su perfume favorito, miel,
cascarilla, manteca de cacao y agua bendita. Darse tres de estos baños.

Baños y Despojos

Ninguna serie de baños está completa sin baños para el amor. A continuación dos tipos de baños de amor muy populares en la magia amorosa.

Baños Para Atraer el Amor

1. Hervir paraíso, lavándula, verbena, mirto y yerba Luisa. Colar el líquido y añadirle pétalos de azucena, miel, agua bendita, canela, y su perfume favorito. Prender una vela rosada al salir del baño y rezar la Oración del Angel Conquistador. Darse cinco de estos baños.
2. Hervir canela en rama, sándalo y pacholí. Colar el baño y añadirle miel, perfume y agua bendita. Mientras se da el baño se frota el cuerpo con una gardenia como si fuera jabón. Al salir del baño se prende una vela rosada y se rezan los salmos 45 y 46. Darse tres de estos baños.

Como notarán, los baños para alejar las malas influencias están hechos con yerbas amargas y los baños de desenvolvimiento, de triunfo, para sellar la buena suerte y para atraer el amor son todos hechos con yerbas dulces. Los baños se deben empezar los martes o viernes mientras la luna está en creciente.

11. Inciensos

Los inciensos son muy populares en todo tipo de magia porque sirven de agentes purificadores a la vez que atraen influencias benéficas alrededor nuestro. Las iglesias usan los inciensos porque a través de los siglos todos los perfumes o sustancias aromáticas han sido ofrecidas como homenaje a Dios y sus ángeles y santos.

El incienso ideal es el que se utiliza en las iglesias y el cual se compone de una mezcla de incienso y mirra. Hay en el mercado un incienso exquisito que se llama Incienso de los Reyes Magos, el cual contiene una mezcla perfecta de varias resinas aromáticas. Pero hay también varias sustancias resinosas muy populares las cuales son excelentes en la preparación de inciensos de despojos. Las dos más conocidas son el tabonuco y el estoraque. El incienso ideal para el despojo de una casa o un negocio es el siguiente:

Se ponen tres carboncitos encendidos dentro de un incensario o de una vasija de barro. Encima se le pone la mezcla siguiente: incienso, mirra, estoraque, tabonuco, un pedacito de cuerno de buey y cáscara de ajo. Este incienso es perfecto para desahumerios de despojos ya que los ingredientes que lleva anulan toda influencia negativa y purifican el ambiente.

Los mejores inciensos son los que están compuestos de resinas porque son los más poderosos y legítimos. Pero hay en el mercado muchos inciensos en polvo los cuales son extraordinariamente aromáticos y purificadores. Entre ellos está el incienso de tabaco, incienso del indio, y los inciensos mezclados especialmente por algunas botánicas que se especializan en inciensos. Tambien resinas como el copal son populares entre los indios americanos.

En ciertos tipos de magia se queman yerbas y pétalos de flores y otras sustancias para atraer inluencias específicas. A continuación doy una lista de inciensos muy populares en diversos tipos de magia.

Para Atraer Fuerzas Benéficas

1. Se quema canela, pacholí, vainilla, lavándula y esencia de gardenia.
2. Se quema sándalo, mirra, canela, lirio de Florencia, ámbar y musk.
3. Se quema incienso, esencia de jazmín, hojas de menta y cáscara de naranja.
4. Se quema canela, hojas de laurel, pétalos de rosa, mirra, sal, y un poco de vino rojo.
5. Se quema lirio de Florencia, incienso, sándalo, vetavert y polvo dorado.

Para Ganar un Caso de Corte

Se quema la raíz Juan Conquistador, clavos de especie, salvia, romero y tabaco aromático de pipa.

Para que los Sueños se Realicen

Se quema bergamota, cáscara de limón, incienso y lirio de Florencia.

Para Alejar Malas Influencias

1. Se quema la resina conocida como sangre de dragón.
2. Se quema lavándula, polvo plateado, musk, y polvo o esencia Ylang Ylang.
3. Se quema gengibre, flor de Florencia, la semilla conocida como tonka, con incienso y mirra.

Para la Buena Suerte

1. Para el juego, se quema pacholí, pétalos de rosa y canela.
2. Se quema un poco de imán mezclado con aceite citronela y aceite galangal.
3. Se quema incienso, esencia o aceite de heliotropo, semilla tonka y polvo dorado para atraer el dinero.
4. Se quema menta, cáscara de limón y hojas de poleo.

Para Ayudar a la Meditación

Se quema la yerba conocida como Dittany of Crete.

Para Atraer el Amor

1. Se quema almizcle, ambergris, laurel y mirto.
2. Se quema lavándula, limón, incienso y la semilla tonka.
3. Se quema almizcle, civet, ambergris y pacholí.
4. Se quema lavándula, aceite de rosa, aceite de violeta, almizcle, ambergris.
5. Se quema mirra, pacholí, vetavert, cáscara de limón, y extracto de vainilla.

12. Amuleto y Resguardos

El amuleto puede ser cualquier objeto que se carga consigo para contrarrestar fuerzas negativas, tales como la envidia y el mal de ojos. Entre los amuletos más conocidos se encuentran las manos o cuentas de azabache, las piedras de rayo, el ojito de Santa Lucía, la Cruz de Caravaca y la mano de Fátima.

El resguardo es, generalmente, una bolsita roja o verde, conocida como ouanga, donde se cargan varias sustancias u objetos con poderes mágicos o de protección de un santo o ángel. Entre las fuerzas protectoras más populares están Miguel Arcángel, San Antonio, Santa Bárbara, y las Siete Potencias Africanas.

En contraste con el amuelto y el resguardo, el talismán se usa para atraer la suerte, el amor o el dinero. Entre los talismanes más populares están las piedras del signo zodiacal. A continuación siguen descripciones detalladas de varios amuletos, talismanes y resguardos y cómo se usan.

Ambar—Excelente para fortalecer la salud y para proteger el aura de vibraciones impuras.

Azabache—Protege contra todo tipo de maleficio y mal de ojo.

Coral—Es una sustancia purificante, excelente en contra de vibraciones impuras. También atrae el amor y la buena suerte.

43

Ojo de Santa Lucía—Se usa especialmente en contra del mal de ojo y para rechazar maleficios y vibraciones negativas.

La Cruz de Caravaca—Para rechazar fuerzas malignas y atraer potencias puras y elevadas.

La Mano de Fátima—Se utiliza para rechazar fuerzas impuras y para atraer la buena suerte.

Escapularios—Los escapularios de diversos santos, como San Antonio, Miguel Arcángel, la Virgen del Carmen y otros muchos, son utilizados para invocar la protección de ese santo y su ayuda en los problemas que enfrenta la persona que los carga.

Piedra de Rayo—Adjudicada en santería a Chango (Santa Bárbara). La piedra de rayo es maravillosa para contrarrestar el mal y rechazar vibraciones negativas.

Piedra Zodiacal—La piedra que le corresponde a una persona de acuerdo a su signo del zodíaco le sirve como un poderoso amuleto en contra de todo tipo de maleficios y para atraer la buena suerte.

Otras piedras que son excelentes amuletos en contra de fuerzas negativas y las cuales son usadas para ponerse en contacto con las altas esferas son las siguientes:

Jade	Amatista	Citrina
Cristal de Cuarzo	Celestita	Cuarzo Rosa
Aventurina	Piedra Sangre	Malaquita
Carnelia	Piedra Luna	Turmalina
Jasper	Obsidio	Lapislázuli

Resguardos

Los resguardos más populares son los que se preparan dentro de las bolsitas conocidas como ouangas. El siguiente resguardo se prepara con la protección de Miguel Arcángel.

Amuletos y Resguardos

En una bolsita roja se ponen los siguientes ingredientes:

semilla de ojo de buey   un pedacito de alcanfor
ámbar   piedra imán con polvo de
dado   imán
coral   azúcar negra
azabache   cinco clavos de especias
azogue   canela
anís estrellado   almizcle en polvo
incienso y mirra

La bolsita se cierra y encima se le cose la espadita de Miguel Arcángel. Luego se pasa por siete pilas de agua bendita distintas.

Un resguardo parecido se prepara con la protección de Santa Bárbara. En una bolsita roja se ponen los siguientes ingredientes:

azabache   sándalo
coral   lirio de Florencia
alcanfor   raíz Juan Conquistador
seis peonias   piedrita de rayo
incienso y mirra   seis caracoles
azúcar candy   polvo dorado

La bolsita se cierra y sobre ella se cose la espadita de Santa Bárbara. Luego se le riega por encima un poco de agua bendita y se pasa por un desahumerio de incienso y mirra.

Este tipo de resguardo se debe cargar en la cartera o mantenerse cerca de la persona todo el tiempo. Sirve para alejar el mal, los accidentes, y todo tipo de peligro. También atrae la buena suerte y la prosperidad. Si en algún momento la espadita se rompe, esto significa que el santo que trabaja en el resguardo ha salvado a la persona que es dueña del resguardo de algún peligro o mal.

Otro resguardo muy popular consiste de una cabeza de ajo que se carga en una bolsita blanca junto con unas hojitas de albahaca, mejorana, y yerba buena, la cual se ha pasado por siete pilas de agua bendita. Este resguardo es sólo para rechazar malas influencias.

Para alejar las influencias impuras y tener sueños buenos, las brujas mejicanas aconsejan colocar en la cabecera de la cama una cruz de guano bendito (Palma de Domingo de Ramos) a la que se le han incrustado tres clavitos dorados. La cruz se cubre con un pedazo de seda blanca y se rocea con agua bendita todos los viernes.

Otro excelente resguardo para cargar encima es un pequeño crucifijo dentro de una bolsita blanca a la cual se le ha añadido mirra y arena húmeda de la orilla del mar. Este resguardo es para proteger a la persona en contra de todo mal y peligro.

Talismanes

Como ya he dicho anteriormente los talismanes se utilizan para atraer influencias positivas tales como el amor, la prosperidad, el dinero y la abundancia. Entre los talismanes más conocidos están los siguientes:

Trébol de cuatro hojas	La estrella de David
Imagen de un elefante	Un cuernito
Imagen de un buho	El ojo de Horus
El escarabajo	El ancla
Herradura de caballo	La flecha
La estrella de cinco puntas (Pentagrama)	Un corazoncito
	Una llave

Amuletos y Resguardos

En la práctica de la magia, los verdaderos talismanes son preparados especialmente para atraer cierto tipo de influencias específicas como amor y dinero. Estos talismanes son hechos de distintos tipos de metales o de pergamino virgen y luego son "cargados" espiritualmente con la fuerza mágica del que los prepara. El metal que se utiliza en la preparación de un talismán mágico depende del uso que se le va a dar y de qué planeta se utiliza para cargar el talismán. Por ejemplo, los talismanes de amor se preparan generalmente del metal cobre el cual es el correspondiente al planeta Venus, regente del amor. Los talismanes para la prosperidad y los negocios son preparados de estaño, que es el metal que le corresponde al planeta Júpiter, regente de los negocios y dador de la prosperidad. Los talismanes hechos con la intención de atraer dinero deben ser hechos de oro, ya que ese es el metal del sol, regente del dinero. El talismán mágico casi siempre es redondo y está inscrito o grabado con ciertas fórmulas cabalísticas generalmente en el lenguaje hebreo. Solamente una persona con profundos conocimientos de magia debe intentar la preparación de este tipo de talismán, ya que requiere ser preparado en un día y una hora específicos durante una ceremonia muy complicada.

Tanto el amuleto como el talismán deben ser purificados antes de usarse. La mejor forma de purificación es pasando el objeto por agua de mar, luego por la llama de una vela y por fin, encima de un pequeño desahumerio de incienso y mirra. Al final, se le rocea un poco de agua bendita y ya está listo para usarse.

13. El Poder Mágico de las Piedras

A través de los siglos, los seres humanos han estudiado las piedras preciosas y semi-preciosas y han descubierto el gran poder mágico del que están llenas. Los egipcios, los fenicios, los hebreos, los griegos, los babilonios y los romanos, todos creían en el poder de las piedras. La Biblia nos describe la vestimenta de los sacerdotes hebreos, la cual llevaba al frente doce piedras preciosas y semi-preciosas, símbolo de las doce tribus hebreas. Todas las sociedades secretas como los Masones, los Rosacruces, y otras más, siempre han enseñado cursos sobre el misterio de las piedras y sus poderes ocultos.

Este poder de las piedras no es nada sobrenatural. La tierra está basada en tres grandes "reinos": el reino mineral, el reino vegetal y el reino animal. Cada uno de estos reinos está formado de grandes cantidades de energía cósmica, expresada en tres formas distintas. Las plantas pertenecen al reino vegetal, las piedras pertenecen al reino mineral y los animales y los seres humanos pertenecen al reino animal. La conciencia de Dios existe en cada uno de estos reinos. A nosotros se nos hace difícil ponernos en contacto con el reino vegetal y el reino mineral porque aparentemente no tienen inteligencia o conciencia. Pero esto no es cierto. Todo lo que existe está formado de átomos y es en el átomo donde encontramos la conciencia de Dios. Tanto las plantas como las piedras tienen su propia forma de conciencia y sus poderes especiales, tal como nosotros tenemos los nuestros.

Ultimamente el estudio de las piedras ha ganado mucha popularidad y existen escuelas especiales, cursos y seminarios en todo el mundo donde se enseñan los poderes de las piedras y cómo usarlos. En esta sección voy a darles una pequeña lista de las piedras más comúnmente usadas en la magia, la meditación y las curaciones.

Cómo se Preparan las Piedras

Lo primero que se hace al comprar una piedra es limpiarla de impurezas y "cargarla" con la intención deseada. Es decir, se le impone a la piedra lo que deseamos que haga por nosotros.

Las piedras se limpian metiéndolas en una copa con bastante sal en grano por lo menos por seis horas. Luego se sacan y se ponen frente al sol por seis horas más. Ya están listas para "cargarse."

Las piedras se cargan sosteniéndolas como a tres pulgadas del medio de nuestra frente, entre los ojos. Esta área se conoce como el Tercer Ojo. Mientras se mantienen las piedras en esta posición, se concentra en ella fuertemente el uso que vamos a darle.

Las piedras tienen diversos usos. Si se desea usar una piedra para varias cosas, es necesario limpiarla y volverla a cargar antes de usarla en algo nuevo. A continuación, sigue una lista de varias piedras y sus usos principales:

Cuarzo blanco—Una de las piedras más poderosas. Se usa en la telepatía, en la meditación y para abrir la chakra que corresponde al centro del cráneo.

Cuarzo rosa—Corresponde a la chakra del corazón y se usa para fortalecer este órgano colocándose en el centro del pecho. También se usa para lograr lo que se desea y para la paz.

Amatista—Se usa para activar el Tercer Ojo, para recibir enseñanzas astrales y ayudar a la meditación. Se coloca en la frente entre los ojos.

Citrina—Este es una especie de cuarzo marrón que activa la chakra del ombligo, donde siempre se coloca. Trae balance al organismo y cura muchas enfermedades.

Estos cuatro cristales se usan conjuntamente mientras la persona está acostada boca arriba, respirando hondo en un conteo de cuatro.

Obsidio—Una piedra negra muy común en México, la cual se usa para predecir el futuro y conocer grandes secretos. Se usa generalmente en forma de bola de cristal, pero es peligrosa si no se sabe usar ya que activa grandes fuerzas del subconsciente.

Aventurina—Una piedra verde claro que se usa para ayuda en negocios nuevos. Se debe cargar siempre en la cartera.

Piedra sangre—Llamada la piedra de sangre es en realidad verde oscura con flequitos rojizos. Es maravillosa para curar todo tipo de enfermedades, si se "carga" bien y se coloca sobre el lugar afectado.

Jasper rojo—Esta piedra viene del Africa y es naranja oscura. Se usa para adquirir vitalidad y fuerza física.

Celestita—Una piedra azul celeste iridiscente, la cual se usa paar ponerse en contacto con las esferas celestiales. Se coloca sobre la chakra de la corona sobre el centro del cráneo. Las chakras son centros de energía por donde el ser humano recibe energías cósmicas. Existen siete chakras las cuales están conectadas con ciertas glándulas.

Perla—Es una piedra purísima la cual da estabilidad emocional y espiritual, si se coloca sobre la chakra de la garganta, en el medio de la garganta. La perla nace de la ostra.

Opalo—Se usa para atraer el amor y tener control sobre las emociones. Se coloca sobre la chakra del corazón.

Malaquita—Esta piedra maravillosa se usa para sanar todo tipo de enfermedades. Se conoce como el fuego verde, regente del cuarto rayo. Es estupenda para meditaciones colocada sobre la chakra del plexo solar porque hace ver lo que impide el progreso material y espiritual.

Lapislázuli—Se usa para limpiar el aura y la mente. Se pasa suavemente a través de todo el cuerpo, empezando por el lado izquierdo de la cabeza y terminando en el derecho.

Turmalina—Una de las más bellas piedras que existen, es maravillosa para colocar en los cuartos de los niños, en el altar, cerca de las plantas y en medio de dos chakras para activar la corriente enérgica entre ellas. Cura todo tipo de enfermedades.

Crisocala—Esta bella piedra color turquesa es la piedra de Venus y es maravillosa para atraer el amor. Se coloca sobre el corazón y se medita sobre lo que se desea.

Jade—Esta es la piedra de los sueños. El jade imperial colocado debajo de la almohada induce sueños proféticos.

Sardonyx—Conecta con la tierra y da firmeza en todas las cosas materiales. Se usa sobre la chakra de raíz, al término de la columna vertebral.

Topacio—Crea conexiones con el infinito y da la sabiduria. Se usa sobre el Tercer Ojo.

Turquesa—Ayuda al balance mental y emocional. Acerca a los amantes. Se usa sobre el corazón.

Aquamarina—Expresa verdades universales y descubre los secretos. Se usa sobre el corazón.

Rubí—Es símbolo del amor a Dios y se usa para unirse a El. Se coloca sobre la chakra del cráneo.

Esmeralda—Es extremadamente poderosa en la curación de todo tipo de enfermedades, sobre todo de enfermedades mentales. Se coloca sobre el plexo solar.

Zafiro—Es estupendo para desarrollar la intuición. Se usa en la meditación y se coloca sobre el Tercer Ojo.

Granate—Ayuda la circulación de la sangre. Se coloca sobre el plexo solar.

Diamante—Es la más pura de las piedras, y trae unión con el infinito. Se usa en la meditación trascendental y se coloca sobre el centro del cráneo.

La mejor forma de usar las piedras es en su forma natural, libre de metales y de engarces de joyas. Esto es importante ya que el metal tiene su propia vibración y puede interferir con el uso de la piedra.

Las piedras se pueden conseguir en ciertas botánicas, en joyerías especializadas y en tiendas que se especializan en objetos de la "nueva era."

14. Recetas para el Amor

Estas recetas de amor fueron compiladas por el famoso mago francés, Dr. Gerald Encausse, mejor conocido como Papus. Varias de las recetas están basadas en la antigua magia de la edad media.

1. Para Hacerse Amar de un Hombre Soltero

Procúrese obtener del hombre que se desea un objeto que haya llevado consigo mucho tiempo, como un pañuelo, una corbata, una cartera o algo parecido. Por la noche, al acostarse, colóquese dicho objeto en el medio del pecho, pensando intensamente en el hombre amado hasta dormirse. Esto se repite por siete noches. Luego se toma una pequeña parte del objeto y se quema un viernes, al salir el sol. Esas cenizas se le deslizan en el cuerpo de él sin que se dé cuenta. Si esto no es posible, procúrese que las toque al darse la mano.

2. Para Conquistar a un Hombre Desdeñoso

Se anudan tres cabellos del hombre con tres de la mujer que lo ama, de manera que alternen un cabello de ella y uno de él hasta formar un círculo. Cada vez que se hace un nudo se piensa fuertemente en la persona amada. Este brazalete debe llevarse en el brazo derecho y con la mano derecha tocar las manos o la cara del hombre cuyo amor se desea.

3. Para Saber si el Marido es Fiel

Cuando el marido se ha dormido profundamente se le coloca sobre el pecho una moneda de plata la cual se ha llevado encima por nueve días, y se le pregunta en voz bien baja cuál es el nombre de la rival, si es que alguna existe.

4. Para que un Marido sea Fiel

Esto se logra haciéndole cargar encima, sin que lo note, un pedacito de cuerno de ciervo y una piedrita de imán.

5. Para Triunfar Sobre las Rivales

Se obtiene un cabello del hombre y se hacen en él tantos nudos como hay rivales, pronunciando sus nombres y apellidos. Luego se quema el cabello en un bracerillo donde quemen hojas de laurel, de verbena, de mejorana y de nogal (walnut). En el momento que se quema el cabello se afirma que el poder de las rivales queda destruido.

6. Tinta del Amor

Cuando dos personas están separadas y una teme que la otra le olvide, todas las cartas que le escriba deben ser escritas con tinta del amor. Esta se prepara poniendo siete hojitas frescas de verbena dentro de una botella de tinta regular. Al ponerse la primera hojita se dice: Lunes, Fulano de Tal no me olvidará; al ponerse la segunda: Martes, Fulano de Tal no me olvidará. Y así sucesivamente hasta mencionar los siete días de la semana. La botella de tinta se tapa bien y se expone por siete días y siete noches a los rayos del sol. Usar la tinta para la correspondencia amorosa.

7. Para Apresurar un Matrimonio

Un viernes por la noche se divide una manzana en cuatro partes. Se le corta el centro y en su lugar se coloca un papelito donde se ha escrito horizontalmente el nombre de la persona que se ama y el suyo propio verticalmente formando una cruz. Los cuatro pedazos de manzana se vuelven a unir con el papelito en el centro y se sujetan con dos agujas largas nuevas. En la piel de la manzana se escribe siete veces el nombre de la persona amada con un cuchillo sin usar. La manzana así atravesada se echa a la candela hasta que se carbonice. Luego esas cenizas se ponen en una vasija nueva, se cubren con aceite de oliva y se ponen a hervir por un cuarto de hora. Se deja enfriar el líquido y se cubre con una piel de conejo a la que se le han hecho varios agujeros, y se deja expuesta a los rayos de la luna por nueve noches. De acuerdo a esta receta, basta untarse las cejas con este aceite, atarse una ramita de ciprés al brazo derecho y tocar la piel de la persona amada para lograr que se case con quien hizo el sortilegio.

8. Para Atraer el Amor de una Persona

El primer viernes que sigue a la luna nueva se compra una cinta roja de una yarda y en un cuarto completamente a oscuras se hace un nudo en la cinta pensando en la persona amada e instándolo mentalmente a que ame a la persona que prepara el hechizo. Esto se repite nueve noches seguidas a la misma hora. Una vez estén hechos los nueve nudos se ata la cinta en el brazo izquierdo y se toca a la persona que se desea cautivar.

9. Para Hacerse Amar de una Persona Indiferente

Se toma la yerba conocida como énula campana y se deja secar, reduciéndose a polvo. Se le añade un poco de amber-

57

gris y se coloca en una bolsita de seda verde y se lleva sobre el corazón por nueve días. Luego estos polvos se ponen en contacto con la piel de la persona deseada sin que ésta se entere.

10. Para Reanudar unas Relaciones Rotas

Cuando dos personas se han separado y una desea el regreso de la otra, la cual se niega a reanudar las relaciones, se prepara el siguiente sortilegio. Se clava un alfiler nuevo en la cabeza de un limón verde y dos alfileres en su base. Luego se colocan 47 alfileres más a través del limón en forma de cruz. Esto se hace a las 12 de la noche, haciendo siete Credos con la intención de que la persona regrese. Cada vez que se reza un Credo se ata un nudo en una cinta blanca. Al terminar los siete Credos y los siete nudos se amarra el limón con la cinta y se ata al lado izquierdo de la cintura y se carga ahí por nueve días. Durante los nueve días se rezan siete Credos dos veces al día, a las doce del día y a las doce de la noche.

Los siguientes trabajos amorosos provienen de la famosa brujería céltica, practicada por los brujos ingleses y los norteamericanos.

11. Amarre Amoroso

Ingredientes:

> *vela roja*
> *vela amarilla*
> *vela naranja*
> *foto de la persona amada*
> *campanita*
> *47 florecitas de manzanilla*
> *Té del Amor Verdadero*

El Té de Amor Verdadero se prepara de la siguiente manera: a un té cualquiera, tal como Lipton, se le añade una hojita de limón, romero, nuez moscada, thyme, miel y un capullito de rosa.

Procedimiento

La foto se rodea de las 47 florecitas. Las tres velas se colocan alrededor de la foto y las flores y se encienden. Se repite 47 veces: "Tú y yo somos uno." Luego se contempla la foto por nueve minutos exactos. Al final, se toma el Té y se toca la campanita tres veces.

12. Embrujamiento de Seducción

En un papel rojo escribes tu nombre y el de la persona amada debajo del tuyo. Luego escribes su fecha de nacimiento y debajo escribes la tuya. Alrededor de esta información dibuja un corazón. Ahora vuelves a escribir toda la información de nuevo, encima de la original tres veces. Es decir encima de tu nombre vuelves a escribir tu nombre tres veces, e igual con el nombre de la persona que amas y las dos fechas de nacimiento. Al terminar, no se va a poder leer lo que has escrito. Luego, doblas el papel en los más dobleces que puedas y lo quemas en la llama de una vela roja. Mientras el papel se quema, repite lo siguiente tres veces:

Clara la llama
Brillante el fuego
Rojo el color de mi deseo

Este hechizo se repite nueve noches seguidas a la misma hora.

13. Para Dominar a la Persona que se Ama

Las brujas inglesas acostumbran quemar una vela violeta junto con una vela del color astral de la persona que hace el trabajo amoroso y otra vela del color astral de la persona que se ama. Al principio de este libro hay una lista con los colores astrales de cada signo. Se quema un poco de incienso y mirra al que se le ha añadido canela en polvo y se dice:

Violeta es el color del poder
Fuerza y dominio
Así también domino a...
En amor y delirio

14. Para Matrimonio

Se compra un anillo dorado, pero no de oro, que le sirva en el dedo anular izquierdo a la persona que hace el trabajo. Se pone en una vasija una mezcla de vino blanco y agua clara. Se le añade una hoja de roble, una hoja de sauce, dos hojas de laurel y dos de heno o yerba común. Por último se mete en la vasija el nombre de la persona amada escrito en un papel plateado. Se cubre bien la vasija y se coloca en una ventana donde reciba los rayos del sol y de la luna, empezando en luna nueva y terminando en luna llena. La noche de luna llena el anillo se saca, se frota y se carga en una cinta o cadena alrededor del cuello. Las brujas inglesas aconsejan no revelar a nadie que se ha hecho este trabajo amoroso, especialmente a la persona que se ama.

15. Para Atraer el Amor de Alguien

Se quema una vela rosada por una hora todas las noches, por nueve noches, pensando en esa persona.

16. Para Atraer de Nuevo a un Esposo Frío

Se atraviesan dos cabezas de ajo con un clavo largo nuevo por el centro del ajo. La que está debajo representa al esposo alejado y la que está encima, a la que hace el trabajo. Las dos cabezas de ajo se ponen en un platito blanco y se coloca debajo de la cama o en un closet oscuro.

17. Para Curar la Infidelidad

Se coloca la raíz de Juan Conquistador dentro de la almohada del infiel sin que esa persona se entere.

18. Para Curar la Infidelidad

Se hierve hojas de sen y se le pasa ese líquido a la persona cuando está bien dormida.

19. Para Despertar Amor en una Persona

En una vela roja se hacen siete cortes y se prende frente a la foto de la persona amada, repitiendo siete veces:

Angeles de Venus
Traedme el amor de...
Antes que este sortilegio termine

El trabajo se repite por siete noches seguidas.

20. Para Despertar el Amor en una Persona

Se frotan las manos con el zumo de la verbena y se procura tocar a esa persona.

21. Para Despertar el Amor en una Persona

Se hace un círculo de sal que no contenda iodo alrededor de la persona que hace el trabajo. Mientras está dentro de ese círculo protectivo, se escriben los nombres de las dos personas y sus fechas de nacimiento en un pedazo de papel rosado y se quema en la llama de una vela rosada. Esas cenizas se ponen en contacto con la piel de la persona amada.

22. Para Lograr un Deseo

Se hierve en agua varias semillas de ojo de Buey. Este líquido se riega alrededor de la persona formando un círculo, el día de la luna llena. Se pide lo que se desea.

23. Para que Alguien que se ha ido Regrese

En un pedazo de papel blanco o de bolsa se escriben el nombre de la persona amada y el de la persona que hace el trabajo con un poco de sangre del dedo del medio de su mano izquierda. La sangre se consigue pinchando el dedo con una aguja nueva que ha sido purificada en alcohol. Los dos nombres se escriben formando un círculo pequeñito, el cual es rodeado de tres círculos más. El papel se dobla lo más pequeño posible y se entierra en la tierra cerca de la casa de la persona un viernes a las nueve de la noche. Este es un trabajo amoroso muy popular en la brujería céltica.

24. Para Lograr un Deseo

Se forma un círculo de sal que no contenda iodo alrededor de la persona que hace el trabajo. Se escribe el deseo en un pedazo de papel. Se dobla ocho veces y se quema en la llama de una vela roja. Se dispersan las cenizas en el viento y se pone la vela en el centro del círculo y se deja terminar.

25. Para Dominar a un Esposo Egoísta

Se prende un velón verde la noche de la luna llena, en su nombre, y se deja consumir.

26. Para que una Persona que se ha ido Regrese

Se muele la resina conocida como sangre de dragón (que sea la legítima resina en forma de barrita, nunca en polvo). Se mezcla un poco de la sangre de dragón con alcohol y goma arábica hasta formar una tinta espesa. Con una pluma de paloma se escribe el nombre de la persona amada en un pedazo de papel de pergamino usando la tinta. El resto de la sangre de dragón se coloca encima del papel, el cual se quema del todo. Luego de terminar el trabajo, la persona que lo hace tiene que mantener el silencio total por 24 horas.

27. Para que un Hombre Siga a una Mujer

Este trabajo es parecido al que sigue, pero utiliza una vela roja en vez de azul. Se le hacen siete boquetes a una vela roja. Se toma la vela prendida (en su candelabro) en la mano izquierda y la foto de la persona amada en la mano derecha. Se deja que los boquetes en la vela se derritan, mientras se mantiene la vista constantemente en los ojos de la imagen de la foto. Se repite nueve veces:

Ayúdame Venus
Ayúdame Isis
Búscame inmediatamente
Fulano de Tal.

Este trabajo se repite por nueve noches seguidas, a las 12 de la noche.

28. Para Despertar la Pasión

En siete pedacitos de papel blanco sin líneas se escribe el nombre de la persona amada. Estos papelitos se doblan bien y se insertan dentro de siete boquetes que se le hacen a una vela azul bastante larga. Los boquetes se hacen en la vela uno debajo del otro a distancias iguales de separación. Inmediatamente se enciende la vela y las puntas de los papelitos que sobresalen de cada boquete en la vela. Mientras los papelitos y la vela queman, se repite lo siguiente siete veces:

Ayúdame Venus
Ayúdame Isis
Los signos de fuego
Encienden su pecho

Cuando los papeles se han quemado del todo y los boquetes en la vela se han derretido, la vela se apaga. Este trabajo se repite nueve veces, los martes y los viernes, comenzando un viernes, siempre a las 12 de la noche.

29. Para que un Hombre Nunca Abandone a una Mujer

Se hierve la resina conocida como estoraque y se moja con ese líquido la foto de la persona amada.

30. Para Dominar a un Esposo o Amante

Se esparce mirto donde él va a caminar. Esto se hace dentro de la casa, nunca afuera. Masticar una ramita de canela cuando se habla con esa persona.

Los trabajos que siguen provienen de la magia Vudú, practicada, no sólo en Haití, sino en todas partes del mundo. Algunos trabajos vudús son temerosos, pero otros son sencillos y sin rituales complicados o tenebrosos. La mayor parte de los trabajos que se hacen con muñecos de cera o de trapo, representando a personas vivientes, son trabajos de origen vudú. En la magia del amor practicada por los adeptos del vudú, se usan a menudo, pero no siempre, muñecos de cera o de trapo. A continuación una serie de trabajos amorosos procedentes de las prácticas vudú.

31. Para que una Persona Regrese y sea Fiel

Se prepara un muñeco de cera al cual se le añaden cabellos y cortaduras de uñas de la persona que se desea dominar. Se viste al muñeco con ropas hechas de vestiduras desechadas de la persona. Se escribe el nombre de la persona en la espalda del muñeco con la punta de un clavo nuevo. Se unge el muñeco con aceite dominante, se coloca sobre un pedazo de satén rojo y se le esparce polvo vente conmigo. Esto se repite por tres días, diciendo cada día:

Con los poderes del amor dominándote
Avanza, avanza y regresa a mí

Al tercer día se envuelve el muñeco en el pedazo de satén rojo y se guarda en un closet oscuro.

32. Para Unir a una Pareja

Si se desea la unión de una hija o una amiga con su novio, se coloca la raíz de Juan Conquistador en aceite de oliva por siete días. Luego la raíz se saca y se deposita frente a la puerta del novio, en un lugar que no sea visible.

33. Para que un Hombre se Declare a una Joven

Este trabajo sólo puede ser hecho por la madre o el padre de la interesada. Se ahueca una calabaza y se rellena con papas hervidas y pan fresco. Se amarra un jabón de castilla con la liana de la calabaza. Se colocan la calabaza y el jabón amarrado con la liana cerca de la puerta del pretendiente deseado, el cual no tardará en declarar su amor a la joven.

34. Para Controlar al Novio o Amante

Se le pone en los zapatos polvo recogido del piso de la casa.

35. Amarre Amoroso

Se hacen dos muñecos de tela, uno en forma de mujer y otro en forma de hombre. La ropa se hace de vestiduras desechadas de las personas. Dentro de cada muñeco se coloca un pedazo de pergamino virgen con el nombre de la persona a quien representa, junto con cabellos y cortaduras de uñas si es posible. Se unen los dos muñecos bien apretados, con una cadena bastante gruesa la que se cierra con un candado. La llave que abre el candado se le amarra en la mano del muñeco que representa a la persona que hace el trabajo. Esta persona tiene dominio absoluto sobre la otra y las relaciones entre ambos continúan mientras ella así lo desee, ya que en su mano tiene la llave que abre el candado. La cadena se unge todos los martes y viernes con aceite de canela.

36. Antes de una Cita de Amor

Antes de acudir a la cita, la persona llena su bañera de agua y le añade un poco de la resina sangre de dragón molida y aceite de geranio. Quema un poco de incienso de atracción y reza el salmo 138.

37. Para Ganar el Amor de una Persona Indiferente

Se escribe el nombre de la persona amada en un pedazo de pergamino virgen y se le pega a los pies de un muñeco de cera representando a esa persona. El nombre debe ser escrito con la tinta conocida como sangre de paloma. Esta tinta está hecha de la resina sangre de dragón y se consigue en las botánicas o tiendas de objetos y sustancias mágicas. Luego que el nombre se le ha pegado a los pies del muñeco, se coloca éste sobre un pedazo de tela roja nueva y se unge con aceite de canela y con polvos de almizcle. Se quema una mezcla de inciensos dominante y de amor y se rezan los salmos 45 y 46. Luego se envuelve el muñeco en la tela roja y se esconde donde nadie lo encuentre. Este ritual se repite por 21 días, o hasta que la persona se rinda.

38. Para Atraer el Amor de una Persona

Con una navaja o un cuchillo bien afilado se cortan dos corazones pequeños de un pedazo de seda roja. La tela se debe doblar para que los dos corazones se corten a la misma vez y sean del mismo tamaño. Entre los dos corazones se coloca un poquito de romero envuelto en el pétalo de una rosa recién cortada, la cual ha sido frotada con un poco de ajo. Los dos corazones se unen con nueve puntadas de hilo rojo, con una aguja nueva. Los corazones se cargan en la parte izquierda de una pieza interior de ropa hasta que la persona se rinda.

39. Para que una Persona que se ha ido Regrese

El nombre de la persona se escribe en papel de bolsa o de estrasa, se cose el reverso de un pedazo de piel de culebra y se frota con aceite de arrastrada. Esta piel se coloca en la plantilla del zapato izquierdo. La persona se invoca mentalmente a las 12 del día y a las 12 de la noche.

40. Para que un Hombre no Deje el Hogar

La esposa siempre debe tener una vasija con una piedra de imán macho y otra de imán hembra cubiertas de filaduras de hierro. Sobre las piedras se deben mantener una docena de agujas nuevas. Todos los viernes las piedras se lavan en vino blanco, se sacan y se vuelven a poner en la vasija con más filaduras de hierro. Dentro del ruedo de cada pantalón del esposo se coloca una aguja pequeña de manera que no lo pinche, ni él la encuentre. Las agujas se cambian una vez al mes por otras que están imantadas de nuevo.

41. Para Atraer un Amor Nuevo o al Matrimonio

Quemar todas las noches sobre unos carboncitos una mezcla de flores de azahar, anís estrellado y lirio de Florencia.

42. Para Atraer al Sexo Opuesto

Quemar constantemente la raíz de vainilla sobre unos carboncitos.

43. Para Atraer el Amor

Cargar en una bolsita de gamuza semillas de rosas y la raíz de Adán y Eva.

La práctica de la magia es muy común en nuestros países latinoamericanos, donde las culturas india y africana, con todo su misticismo y sabiduría, han tenido tan profunda influencia. Los trabajos siguientes vienen de distintas partes de Latinoamérica. Algunos provienen de México, otros de Puerto Rico, de Cuba, de Santo Domingo, de Venezuela y otros países de Sur o Centro América.

44. Para Dominar a un Hombre

Mientras él duerme, se le mide la altura con una cinta blanca. Esa medida exacta se amarra alrededor de un escapulario de San Antonio, el cual se cargará encima constantemente. Pero esto debe hacerse sin que él se entere.

45. Para Vencer a una Rival

Se forma un círculo de pólvora bastante amplio en la tierra. La persona entra al círculo y enciende la pólvora. Mientras ésta arde se invocan las fuerzas espirituales que protegen a la persona. Pensando fuertemente en la rival y visualizándola, se dice: Vete, Vete, Vete. Esto se empieza el día de la luna nueva y se continúa por tres semanas. Al final se toman tres cabellos de él y se le hacen tres nudos pronunciando el nombre de la rival. Los cabellos se queman en la llama de una vela roja y las cenizas se tiran al aire.

46. Baño de Amor

Se hierven las yerbas: mastuerzo, verbena, romerillo, albahaca morada, y maravilla. Se le añade semillas de calabaza, pimienta de guinea molida, cinco piedras de río, cinco plumas de pavo real, cinco palos de canela, miel de abejas, miel rosada, y esencia Pompeya. Se echa el baño en una bañera llena de agua tibia y se sumerge la persona de pies a cabeza.

47. Para Alejar a una Rival

Se visualiza al hombre amado caminando junto a la rival. Luego la persona que hace el trabajo se visualiza a sí misma tomando al hombre de la mano y llevándoselo con ella, mientras la rival desaparece. Mientras tanto, se encienden tres velas rojas, una representando al hombre, otra a la rival y la tercera representando a quien hace el trabajo. Rápidamente se apaga la vela que representa a la rival y se amarran las que representan al hombre y a la persona, para que las llamas quemen juntas y formen una sola. Este hechizo se repite por 21 días.

48. Para Conseguir el Amor de un Hombre

El primer día se encienden siete velas blancas para aumentar el poder mágico de la persona. Las velas se ungen con aceite dominante y se les pone un poquito de incienso y mirra alrededor del pabilo. Al segundo día se enciende una vela roja ungida de aceite de amor invocando el nombre del hombre deseado. Al tercer día, se queman tres velas rojas también ungidas de aceite de amor. Al cuarto día se queman cinco velas, al quinto se queman siete, al sexto se queman nueve, al séptimo se descansa y al octavo se queman quince.

49. Para Conquistar a un Hombre

Se toma una pieza del hombre, como un pañuelo, una bufanda, un guante o una media. Se carga la pieza sobre la piel por 24 horas. Luego se carga sobre la ropa por una semana. Cada vez que se pone esa pieza sobre la ropa, se enciende una vela roja y se busca en la llama la cara de él. Si es posible se quema un cabello de él y uno propio en cada vela. Tan pronto se puede visualizar la cara del hombre deseado en la llama de la vela, el hombre se rinde a la mujer que ha hecho el hechizo.

50. Bolsita Para el Amor

En una bolsita roja se pone lo siguiente: raíz de pacholí, cinco peonías, coral, raíz de Juan Conquistador, cinco hojitas de menta, cinco hojitas de verbena, cinco palos de canela, azogue, mosca cantárida, cinco clavos de especie, azúcar candy, raíz de Adán y Eva, sándalo, almizcle en polvo, y semillas de rosa.

51. Para Suavizar a un Hombre

Se pone su nombre en un pote vacío. Se cubre con miel, bálsamo tranquilo, amoníaco, aceite amanza guapo y aceite vencedor. Se le prende una vela blanca encima todos los días por nueve días. El pote se pone en el suelo, donde nadie lo pueda ver.

52. Para Conquistar a un Hombre

Se hace un carabanchel a Santa Marta poniendo siete clases de vino en una vasija y flotándole encima aceite de oliva. Se forma una mecha con un pedazo de algodón y se prende la mecha tan pronto esté impregnada del aceite. En seguida se hace la Oración a Santa Marta Virgen. Esto se repite por nueve días. El nombre del hombre va en el fondo de la vasija. Cuando se termina la oración se apaga la mecha con los dedos. Al otro día se vuelve a prender.

53. Para Conquistar a un Hombre

Se ponen cinco velas en forma de cruz y se reza un Padre Nuestro y un Ave María. Inmediatamente se hace la Oración de Juan Perdido nueve veces. Esto se repite por ocho noches seguidas.

54. Para Separar a dos Personas

Se ponen los nombres de las dos personas en un pote con agua, se cierra y se mete en el refrigerador. Esto trae enfriamiento entre las dos personas.

55. Para Atraer a un Hombre

Se escribe el nombre de él en un pedazo de papel de bolsa y se pasa por todo el cuerpo. Luego se pone en una latita vacía de atún y se le echa aceite de amor, aceite yo puedo y tú no, aceite amanza guapo, aceite amarra hombre y aceite de menta. Se le añade azogue, precipitado rojo y se le flota una mecha encendida sobre el aceite por una hora, todas las noches por siete noches a la medianoche.

56. Para que un Hombre que se ha ido Regrese

Coco Borracho

Se le saca la tapa a un coco y se le bota el agua. El coco representa la cabeza del hombre que se ama. Al tirarse el agua se expresa el deseo de que todos los pensamientos negativos que él sienta hacia la persona que hace el trabajo, salgan de su mente. Dentro del coco se pone el nombre de él y se le añade cinco caramelos, cinco clases de licores, esencia de amor, esencia dominante, esencia amarra hombre, esencia vente conmigo, esencia vencedora, canela, azogue y precipitado rojo. Se coloca el coco sobre una copa de agua y se le pone la tapa de nuevo. Encima se le prende una vela blanca todos los días por 21 días. Al terminar los 21 días, se amarra el coco con cintas amarillas y se lleva al río con 25 centavos. El agua que queda en la copa se tira frente a la casa de él, donde él la pise.

57. Para Obtener el Amor de una Persona

Se rezan los salmos 45 y 46 siete veces sobre una vasija de barro llena de aceite de oliva. Luego se ungen las sienes y las cejas con el aceite. Mientras se rezan los salmos, se queman incienso y mirra con hojas de laurel. Esto se repite por siete días. Al término de las oraciones, se prende un velón blanco pidiendo el amor de las personas deseadas. Luego se trata de ver o de ponerse en contacto con esa persona.

58. Lámpara de Amor para Matrimonio

Se ahueca una raíz grande de lirio. Al fondo se pone el nombre de la persona amada y se cubre con cinco clavos de especie, un imán pequeñito, azogue, precipitado rojo y un pedacito de palo llamao. Se añade un poco de canela y los siguientes aceites: de lirio, de amor, amarra hombre, vente conmigo, almendra, gangal, de oliva. Por último se le pone una mosca cantárida, polvo de yombina y cabellos de el, si se tienen. Sobre la lámpara se flota una mechita y se enciende una hora todos los días por nueve días. Si se acaban los aceites, se les añade un poco más. Esta lámpara se hace para matrimonio y para conquistar a un hombre muy frío.

59. Para Conquistar a un Hombre Difícil

Se compran dos velas rojas, una en la forma de un hombre y la otra en la forma de una mujer. Se le inscriben los nombres a las velas con una aguja nueva. La vela femenina se unge con aceite atractivo y la vela masculina, con aceite de amor. Las velas se ponen sobre un tablero a dos pies de distancia la una de la otra. Al lado de la vela de ella se coloca una vela color naranja ungida de aceite vente conmigo. Todos los días se acerca la vela masculina una pulgada a la vela femenina, la cual no se mueve. Se prenden las velas por una hora y se apagan con los dedos. Cuando las dos velas se toquen, se dejan quemar del todo.

60. Para Lograr el Amor de un Hombre

Se llena una fuente de cristal con agua hasta la mitad y se le añade una ramita de yerbabuena, una cucharada de azúcar, miel, siete clavos de especie y agua Florida. En el medio se pone un velón blanco amarrado con una cinta verde al cual se le han incrustado tres clavitos dorados. Se prende la vela y se hace la Oración de Santa Elena. Se le pide a Santa Elena que según está amarrada la vela, así ella amarre a la persona deseada y la traiga a quien hace el trabajo. Se saca la vela del agua y se deja quemar hasta donde está la cinta amarrada. El resto de la vela se envuelve en la oración de Santa Elena, se amarra con la cinta y se envuelve en un paño de seda o satén verde, el cual se guarda donde nadie lo encuentre. El agua que queda en la fuente se usa para darse un baño.

61. Amarre por Dominio

El nombre de la persona que se desea dominar, generalmente el esposo, se escribe en un pedazo de papel y se pone en el fondo de una botella de cuello ancho que sea oscura. Se le añade una pieza de ropa usada la cual se ha amarrado con hilo rojo, amoníaco, esencia dominante, amanza guapo y esencia de menta. La botella se tapa y se envuelve en una pieza de ropa interior de la esposa. Se guarda en un sitio donde el esposo no la encuentre. Cada vez que él se aleja o sale mucho o se muestra indiferente, ella saca la botellita y la mueve repetidas veces llamando al esposo al hogar. Este trabajo es típicamente puertorriqueño y data de los tiempos de España.

62. Para Atraer a una Persona

A un vaso de agua se le pone esencia vencedora y un poco de alumbre. Se pone en alto con la foto de la persona debajo y se pide lo que se desea. A los nueve días se bota el agua frente a la casa de la persona.

63. Para Amor y Dominio

Se pone el nombre de la persona en un pedazo de papel de bolsa, se cubre con sebo de Flandes y siete granos de pimienta de guinea. Se enciende un tabaco y se le va echando del humo al papel, invocando el nombre de la persona y pidiendo lo que se desea. Inmediatamente se dobla el papel con la pimienta adentro y se dejan caer los granos de pimienta frente a la puerta de la persona deseada.

64. Enkangue o Amarre Amoroso

Se escribe el nombre de la persona en un pedazo de papel de bolsa con el cual se envuelve un pedazo del palo para mí. El palo se va entizando o envolviendo con hilo rojo hasta que esté completamente cubierto. Luego se deposita en un pote con ron, precipitado rojo, siete granos de pimienta de guinea y orines. Se le echa bastante humo de tabaco al pote y se cierra rápidamente con el humo aún adentro. El pote se guarda al fondo de un closet oscuro, donde nadie lo encuentre.

65. Para Atraer una Persona

Se toman hojas de mejorana y de reseda, flores de no me olvides, llamao, para mí, amanza guapo y cascarilla y se hace todo polvo y se le echa encima a la persona, sin que ésta se dé cuenta.

66. Para Atraer a una Persona

En el suelo se pone el nombre de la persona deseada en un pedazo de papel de bolsa. Encima se le coloca una tijera en cruz. Al lado se prende una vela blanca untada de manteca de corojo.

67. Para Atraer a una Persona

En una vasija de barro se ponen los nombres de las dos personas en forma de cruz, el de la persona que se desea abajo y el del que hace el trabajo encima. Sobre los papeles se ponen tres agujas, vino dulce, azogue, precipitado rojo y una piedra de imán. Al lado se le pone un vaso de agua. Este trabajo se coloca en el suelo donde no se vea y no se quita hasta que la persona que se desea es conquistada.

68. Amarre Amoroso

Se toma tierra de las pisadas de la persona deseada, se une con algunos de sus cabellos y se pone en el fondo de una lata de sardina vacía. Encima se le añade morivivir, palo llamao, paramí, vencedor, yerba de la niña, canela, miel y bastante aceite de oliva. Se le flota una mecha encendida encima por una hora todos los días por nueve días a la misma hora.

15. Recetas para el Dinero y la Buena Suerte

En esta sección, las recetas para atraer el dinero y la buena suerte están mezcladas. Las recetas provienen de diferentes culturas, algunas son latinoamericanas, otras son hebreas, francesas, griegas y de otros orígenes.

69. Para Atraer el Dinero

Todos los días de luna nueva ir al banco, cambiar un dólar en moneda de diez centavos y tirarlos de la puerta de entrada hacia adentro. Pedir que, según el dinero rueda por el suelo, así el dinero venga a sus manos. No recoger el dinero del suelo hasta el día de la luna llena.

70. Para Atraer el Dinero

Hacer cuatro pelotas de harina de maíz hervido con leche y miel. Colocar una de estas pelotas en las cuatro esquinas del bloque donde se encuentra la casa de vivienda.

71. Para Atraer el Dinero

Darle semillas a los pájaros y pan o nueces a las ardillas. La naturaleza recompensa. Nunca negarle a nadie una limosna o ayuda financiera. Compartir con la mayor gente posible en lo que le alcance el bolsillo.

72. Para Atraer la Buena Suerte

Tirar un poco de agua de arroz en la puerta de entrada y regar un poco por toda la casa.

73. Para que el Marido sea Generoso

Se le pide una moneda de 25 centavos. Se pasa por agua bendita. Se hace una cruz con un palito de vencedor y otro de paramí y se unen con hilo rojo. Se pone la moneda en el centro de la cruz y se cubre todo con hilo rojo. Se mete por siete días en un vasito de ron y miel y luego se carga simplemente en la cartera.

74. Para que un Banco Conceda un Préstamo

Se hace una transacción cualquiera en el banco para conseguir un dólar que provenga de ahí. El día de la luna nueva, se coloca el dólar con el nombre del banco y del gerente en un platito blanco. Encima se coloca un rolito de pan y se le hace un hueco en el medio. Dentro del hueco se pone un poco de miel, leche y canela. Se espolvorea un poco de polvo dorado encima al panecito y se coloca una vela verde en el hueco, ungida con aceite de dinero. Todos los días por siete días se prende una vela verde nueva en el pan. Al final, se pone el pan en una bolsita y se deja frente al banco. El nombre del banco y el gerente se envuelven en el dólar y se ponen en la cartera. Entonces se va al banco y se hace el préstamo.

75. Para Mejorar la Situación Financiera

Se majan tres huevos duros con pimienta de guinea molida. Se pone todo en una bolsita y se empieza a regar desde la esquina derecha del bloque hasta llegar a la casa. El resto se tira al lado de la puerta de entrada y se deja ahí hasta que otra persona lo limpie o se disperse con los elementos.

76. Para que le Aumenten el Sueldo

Se tuesta anís estrellado, maní y alumbre, se hace todo polvo y se echa un poco todos los días donde se trabaja.

77. Baño para Conseguir Trabajo

Se hierve toronjil, yerba buena, rompezaragüey, albahaca blanca y anís estrellado. Se le añade azúcar y agua bendita. Se dan siete baños seguidos.

78. Baldeo para la Buena Suerte

Se hierve lechuga, escarola, apio blanco, berro, maravilla, tres clases de arroz, un poco de trigo, incienso y benzoín. El líquido se cuela, se enfría y se lava la casa con él, echando el resto en la puerta del frente. Luego se hace un desahumerio de incienso, mirra, estoraque y laurel y se le prende 12 velas a los 12 santos auxiliares.

79. Para Pedir Algo y no se Nieguen

Se tiene un palito canela en la boca mientras se habla con la persona a quien se le pide el favor. En el camino de tu casa a la casa de esa persona se riegan diez granos de pimienta.

80. Para Obligar a Alguien a Pagar lo que Debe

En un vasito de agua se pone un poco de miel rosada, y un papel con el nombre de la persona. En el papel se prenden tres agujas nuevas. Al lado del vaso se prende una vela blanca, pidiendo lo que se desea.

81. Para Atraer la Buena Suerte

Se hierve albahaca, yerbabuena y altamisa, tres rosas blancas y tres espigas de azucena. Se cuela el baño y se le añade miel y agua bendita. Se dan tres de estos baños. Al último día se llena un platito con miel y una yema de huevo y se pone debajo de la cama durante siete días.

82. Para Atraer la Buena Suerte

Se pone una rosa de Jericó en una fuente de agua, ponerle unas monedas y polvo dorado y añadirle un poco de vino seco. Escribir lo que se desea y poner el papelito doblado en cuatro debajo de la rosa. Todos los viernes se le añade un poco de vino seco. Los lunes se le cambia el agua. Usar el líquido de la rosa para rocear la casa.

83. Baldeo Para el Dinero

Se hierve lechuga, perejil y canela. Se le añade un huevo batido, miel y agua Florida. Con este líquido se lava la casa.

84. Desahumerio de la Buena Suerte

Sobre varios carboncitos se queman hojas de laurel, comino, un grano de sal de piedra y un poco de la yerba pata de gallina.

85. Para Resolver un Problema

El problema se escribe en detalle en un papel sin líneas y se coloca en una botella oscura la cual se llena con café negro. La botella se entierra en un solar vacío, lejos de la casa de vivienda. Al regresar a la casa, se prende una vela blanca al ángel de la guarda de la persona y se le pone un vaso de agua con un poco de Kolonia 1800 y una flor blanca adentro.

86. Para el Dinero

Se divide un panecito en tres y se pone en un plato blanco. Se embarra con manteca de cocinar, manteca de corojo y miel. Se le echa por encima maíz, alpiste y popcorn. Se pone el plato debajo de la cama por siete días. Al término de estos días, se lleva todo al bosque o a un sitio donde los pájaros lo coman.

87. Para Suerte en el Juego

En una bolsita de gamuza poner lo siguiente: un dadito, una nuez moscada, una piedra de imán, una herradurita de caballo, un sello de la buena suerte y un sello del triunfo y la abundancia. Jugar el día regido por el signo zodiacal, según expliqué al principio del libro. Jugar siempre tu número del destino, según expliqué antes.

16. Recetas Para la Protección

Esta sección incluye recetas para ganar casos de corte, para deshacer maleficios, para alejar a una persona peligrosa, para dejar una mala costumbre y para varios tipos de protección. Las recetas vienen de distintas culturas.

88. Para Alejar Maleficios, Mal de Ojos y Enfermedades

Se hace la Oración de San Luis Beltrán con una vela blanca y un vaso de agua en nombre de la persona necesitada. Esta Oración es muy milagrosa y se le puede hacer a niños pequeños, a uno mismo, a un negocio y a una casa.

89. Para Alejar Fluencias Negativas

Se coloca debajo de la cama una vasija de agua con amoníaco y un pedacito de alcanfor.

90. Para Proteger el Hogar

Se ponen cruces de anamú o de tártago en todas las puertas y ventanas, amarradas con una cinta roja y se tiene agua fresca en recipientes en toda la casa, además de matas de violetas.

91. Para Proteger el Hogar

Se rocea agua bendita por toda la casa con un mazo de laurel.

92. Para Proteger la Casa

Se hace un desahumerio de incienso, mirra, estoraque, tabonuco y cáscara de ajo, los martes y viernes.

93. Para Calmar los Nervios y Atraer la Paz

Se pone un vaso de agua, con agua sedativa, una clara de huevo, cascarilla, manteca de cacao y azúcar blanca a nombre del espíritu encarnado de la persona.

94. Para Recoger y Destruir Malas Influencias

Se rueda un coco seco por toda la casa y luego se lleva al monte y se rompe contra una piedra. Al salir del monte no se mira para atrás.

95. Para Rechazar Malas Infuencias

Se cuelgan unas tijeras abiertas amarradas con un pedazo de tela de seda o satén rojo sobre la puerta de entrada.

96. Para Ganar un Caso de Corte

Se hierve la cáscara sagrada y se riega en un círculo alrededor de la cama de la persona la noche antes del juicio.

97. Para Limpiarse de Mala Suerte

Se va a la playa con ropas viejas, se baña en el mar con estas ropas y luego las deja en un zafacón cerca de la playa con siete centavos. Cuando se sale del agua, se camina fuera de la playa sin mirar hacia atras.

98. Para Aclarar el Camino y Romper Maleficios

Se le pone una copa de agua a Santa Clara con un huevo adentro y se reza su oración con una vela blanca encendida. La oración con la vela se repite por nueve días. Al cabo de este tiempo se tira el agua y el huevo se rompe en un cruce de caminos.

99. Para Ganar un Caso de Corte

El día del juicio se hace la Oración El Juicio de los Hombres Antes de la Sentencia, de rodillas con una vela blanca encendida y un vaso de agua en nombre del ángel guardián y espíritu encarnado del juez, pidiendo que falle a favor del acusado.

100. Para la Paz

Poner una-copa de agua con agua florida, verbena, una clara de huevo y cascarilla al Angel Guardián con un velón azul al que se le ha flotado encima un poco de bálsamo tranquilo, incienso y mirra.

101. Para que Haya Paz Entre dos Personas

Se compra un velón blanco que se pueda sacar de su envase de cristal y se le inscriben los nombres de las dos personas con una hebilla del pelo. El velón se unge con aceite de la buena suerte, aceite de menta y aceite de almendra, polvo de almizcle, lirio de Florencia, incienso y mirra. Luego se coloca el velón encendido en una fuente de agua a la que se le ha añadido agua bendita y Loción Pompeya. Sobre el agua, alrededor del velón, se flotan tres flores blancas.

102. Para la Paz del Mundo

En una fuente de agua clara se coloca un pequeño cristal de cuarzo. Sobre el agua se reza el salmo ocho todos los días con una vela blanca por nueve días. El agua que queda en la fuente se tira en las raíces de un árbol de pino grande. El cristal de cuarzo se guarda para usarlo en la meditación sobre el centro del cráneo. Esto se repite todos los meses.

17. Recetas de Santería

Muchas personas que no conocen lo que es la Santería la temen porque piensan que se utiliza sólo para hacer el mal. Esta fama que injustamente rodea muchas de las prácticas de la Santería es debida a la poca información que existe sobre esta religión Afroantillana. Esta sección es muy corta para explicarles a fondo lo que es la Santería. Ya he escrito seis libros sobre el tema, los cuales fueron escritos todos originalmente en inglés. Aquellos de ustedes que lean bien el inglés y se interesen en la Santería pueden buscar cualquiera de estos libros en las librerías o botánicas. Casi todos mis libros también se pueden encontrar en las bibliotecas públicas.

La Santería es una religión y está basada en la creencia de que Dios expresa su gran poder a través de las fuerzas de la naturaleza. Estas fuerzas se llaman orishas en la Santería y se conocen con nombres africanos y nombres de santos tales como Elegguá (San Antonio), Changó (Santa Bárbara), Oshún (Nuestra Señora de la Caridad del Cobre), Yemayá (La Virgen de Regla), Obatalá (La Virgen de Las Mercedes), Oyá (Virgen de la Candelaria), Oggún (San Pedro), Ochosi (San Norberto), Aganyú (San Cristóbal), Babalú-Ayé (San Lázaro) y otros muchos.

La Magia y Tú

Cada santo tiene poderes especiales dados por Dios mismo para la ayuda de los seres humanos. En la Santería Dios se conoce como Oloddumare y como Olofi.

Elegguá—Para abrir caminos y resolver problemas.
Changó—Para dominar enemigos y triunfar sobre obstáculos.
Oshún—Para el amor, matrimonio y dinero.
Yemayá—Para la maternidad y protección de los hijos.
Obatalá—Para la paz y la armonía.
Oyá—Para alejar la muerte y maleficios.
Oggún—Para protección de accidentes y operaciones.
Ochosi—Para juicios y todo lo relacionado con la justicia.
Aganyú—Para control de todo tipo de problemas.
Babalú—Para protección contra enfermedades.

Las siguientes recetas son recomendadas por los santeros para resolver distintos problemas a través del poder de los santos.

103. Para el Regreso de una Persona (a Elegguá)

La parte de abajo de una vasija de barro se pinta con tiza roja. Luego se le pone adentro miel, aceite de comer, azogue y precipitado rojo. El nombre de la persona se escribe en un papel de bolsa y se atraviesa con siete agujas. Al lado se pone un vaso de agua. Esto va en el piso frente a la imagen de Elegguá.

104. Para el Negocio (a Elegguá)

Palo de canela, cascarilla y tres rosas se rocean con alcohol y se queman un poco pero no del todo. Luego esos ingredientes chamuscados se hacen polvo. A las 12 de la noche se espolvorea un poco en cada esquina del negocio. Cuando se llega a la última esquina, se sigue espolvoreando de la esquina hasta el negocio. Lo que sobra se frota en el cuerpo de la persona. Por último se pone un vaso de agua detrás de la puerta pidiéndole ayuda a Elegguá.

105. Para Atraer el Dinero (a Elegguá)

Se hace una mezcla de harina de maíz y pasta de guayaba. Luego se forman tres pelotas con la mezcla y se le ponen en un plato a Elegguá. Se cubre todo con yerba fina y se le rocea un poco de ron y humo de tabaco.

106. Para Pedirle Paz a Obatalá

Se cocina un ñame, se maja y se le añade manteca de cacao y cascarilla. Se escribe el deseo en un pedazo de papel blanco sin líneas y se coloca en un plato blanco. Sobre el papel se forma una torre de ñame majado. La torre se cubre con algodón y se espolvorea con cascarilla. El plato se pone en alto por ocho días. Al término de este tiempo se lleva al monte, en un sitio alto, y se deja allí con ocho centavos.

107. Para Pedirle Buena Suerte a Obatalá

Se pinta un coco seco con cascarilla y se pone sobre un plato blanco, ofreciéndose a Obatalá, y pidiéndose lo que se desea.

108. Para Suavizar a una Persona Violenta (a Obatalá)

Se abre un panecito y se pone en el medio el nombre de la persona en un papel blanco. Encima se le pone unos pedazos de palo vencedor, manteca de cacao, cascarilla y la yerba adormidera. Se pone para atrás la tapa del panecito y se cubre con una clara de huevo batida a punto de merengue. Sobre el merengue se pone algodón y sobre el algodón, se espolvorea cascarilla. Esto se hace sobre un plato blanco, el cual se coloca en alto al lado de un velón blanco en nombre de Obatalá.

109. Despojo con Obatalá

En una bolsita blanca se ponen ocho pedazos de manteca de cacao, ocho pedazos de coco, y cascarilla. Esa bolsita se frota por todo el cuerpo, pidiendo la protección de Obatalá. Luego se lleva a un monte con ocho centavos.

110. Para Dominar una Situación (Changó)

Se ahuecan cuatro manzanas y adentro de cada una se pone el nombre de la persona que se desea influenciar. Sobre el papel con el nombre se pone un centavo, cuatro pedazos de canela, un poco de miel, manteca de corojo, aceite de oliva, de almendra y de cocinar. Sobre los aceites se pone una mechita encendida. El plato donde están las manzanas se pone en el suelo y se le dan dos vueltas alrededor, dos veces a la derecha y dos hacia la izquierda. Tan pronto se apagan las mechas, se guardan las manzanas hasta que estén secas. Entonces se majan bien y se tiran frente a la casa. Este trabajo se le dedica a Changó y se puede usar tanto en asuntos de negocios como de amor.

111. Para Pedir la Ayuda y Protección de Changó

Se cubren seis plátanos verdes con manteca de corojo y se envuelven en un papel de bolsa grande donde se ha escrito la petición a Changó. Los plátanos en el papel se amarran con una cinta roja y se enganchan arriba de una puerta, de manera que oscilen en el aire.

112. Despojo de Changó

Se hierven hojas de jobo, quita maldición y una granada cortada en seis partes. Se cuela el líquido y se le añade un poco de harina de maíz, agua bendita y vino dulce. Se dan seis de estos baños.

113. Para Pedir Algo a Changó

Se cocina un poco de harina de maíz con pedazos de quimbombó. Se le añade plátanos maduros majados, gengibre y manteca de corojo. Se mezcla todo bien con las manos, pidiéndole todo el tiempo a Changó lo que se desea. Luego esta masa se prepara en forma de torre y arriba se le pone una banderita roja. La torre va sobre un plato blanco.

114. Para Despertar una Pasión Violenta (a Changó)

Se ahuecan manzanas y se llenan con agua mineral, miel y vino dulce. El nombre de la persona se pone adentro de cada manzana, escrito en papel de bolsa y atravesado con seis clavos de especies. Las manzanas se colocan sobre un plato grande blanco y se le ofrecen a Changó, pidiéndole lo que se desea.

115. Para Matrimonio (Oshún)

Se ahueca una calabaza dejándole algunas semillas adentro. El nombre de la persona se pone en un papel de bolsa en el fondo de la calabaza, atravesado con cinco anzuelos de pescar. Encima se colocan cinco yemas de huevo, miel, canela y grajeas. Se le añade bastante aceite de oliva y se le flotan encima cinco mechitas encendidas por una hora. Las mechitas se encienden todos los días por una hora durante cinco días. Al término de este tiempo se lleva la calabaza al río con 25 centavos. Se le dedica el trabajo a Oshún y se le pide que le conceda el matrimonio con la persona deseada.

116. Para Atraer el Amor (Oshún)

Se colocan cinco panetelas o bizcochitos mojados en un plato y se les echa por encima miel, canela y grajeas. Se le pide a Oshún el amor de la persona deseada.

117. Para Atraer una Persona (Oshún)

Antes de una cita con esa persona, se frota el cuerpo con canela en polvo. Se acude a la cita con un pedacito de canela en la boca, pidiéndole a Oshún lo que se desea.

118. Para Dinero (Oshún)

Se hace un revoltillo de huevos con berro y camaroncitos. Esta es una de las comidas favoritas de Oshún. Se pone el revoltillo en una calabacita con polvo dorado por encima. En el centro del revoltillo se pone un papelito pidiendo a Oshún la cantidad de dinero que se necesita. A los cinco días se lleva la calabaza al río con 25 centavos y se vacía un jarrito de miel en el agua.

119. Para Tener un Niño (Yemayá)

Se escribe una cartita a Yemayá en papel azul pidiendo la gracia de la maternidad. Se hace un corte en un melón de agua y se le mete el papel adentro. El melón se amarra con un pañuelo azul y se lleva al mar con siete centavos.

120. Para Pedir la Protección de Yemayá

Se le ofrecen siete dulces de coco en un plato azul y se les echa por encima bastante melao de caña. Se pone el plato en alto con una vela azul.

121. Para Proteger los Hijos (Yemayá)

Se llena un vasija de agua con bastante añil hasta que el agua esté bien azul. Se saca un velón blanco de su vaso y se inscribe con los nombres de los hijos a lo largo del velón. Se unge con bálsamo tranquilo y se pone de nuevo dentro del vaso. Se enciende el velón y se pone en el medio del agua con añil. Alrededor se flotan siete flores blancas. Esto se pone en el suelo, pidiendo la ayuda de Yemayá para los hijos.

122. Para Alejar el Mal y la Muerte (Oyá)

En un pedazo de tela roja se ponen nueve rodajas de berenjena, nueve pedazos de vela blanca, y nueve caramelos. Se amarra todo en la tela y se limpia la persona con el envoltorio, de cabeza a los pies. Luego se deja todo esto frente, no dentro, del cementerio con nueve centavos. Oyá es la dueña del cementerio y por eso todo lo que se le ofrece se lleva allí.

123. Para Alejar las Enfermedades (Babalú-Ayé)

Se ponen en un plato diferentes clases de minestras, tales como habichuelas coloradas, habichuelas blancas, frijoles de carita, maíz, gandules, y garbanzos. Al lado de ese plato, se pone otro vacío. Todos los días se toma un puñado de las minestras y se pasa por todo el cuerpo de cabeza a los pies. Al terminar de limpiarse, se pone el puñado de minestras en el plato vacío. Esto se repite todos los días hasta que las minestras se hayan pasado de un plato al otro. Luego se envuelven las minestras en un paño azul claro y se lleva al monte con 17 centavos. Todo el tiempo que se limpia la persona, le pide a Babalú que le quite la enfermedad que la agobia.

124. Para la Prosperidad (a Babalú-Ayé)

Se le ofrece un plato blanco sobre el cual se han colocado tres panecitos y bastante popcorn. Se le pide lo que se desea.

125. Para Ganar un Caso de Corte (a Ochosi)

Se prepara una mezcla de harina de maíz cocida en agua, miel, leche y pedacitos de pera y manteca de corojo. Se le pone esta ofrenda a Ochosi en un plato blanco y se le prenden dos velas blancas en el suelo junto a un vaso de agua.

126. Para Alejar Accidentes y Tragedias (Oggún)

Se cubre un pedazo de carne de res con manteca de corojo y se le rocea con ron y humo de tabaco. Se mete en una bolsita y se pasa por todo el cuerpo. Luego se lleva a una vía de tren con siete centavos, pidiendo la bendición de Oggún.

127. Para Prosperidad y Protección (Aganyú)

En un plato blanco se colocan nueve galletas redondas y se cubren con manteca de corojo, ofreciéndoselas a Aganyú para prosperidad y protecci6n. A los nueve días se llevan a un monte o un parque y se dejan debajo de un árbol con 27 centavos.

18. De Mí Para Ti

De Mí Para Ti es el título de una columna semanal que yo escribo para el periódico El Especial, que se publica todos los miércoles en New Jersey, y que circula por varios estados incluyendo, además de New Jersey, los estados de New York, Pennsylvania, Massachusetts, Connecticut, Illinois y Florida, especialmente en la ciudad de Miami. Esta columna tiene más de seis años de estar en circulación y ha adquirido una immensa popularidad. Muchas de las cartas que recibo vienen, no solo de todos los Estados Unidos, sino también de muchos países de América Latina, ya que muchas de las personas que residen acá mandan recortes de mi columna a familiares y amigos en sus países de origen.

De Mí Para Ti se compone de una serie de cartas que yo recibo de mis lectores contándome sus problemas y pidiéndome ayuda para poder resolverlos. Mi contestación incluye mi consejo personal sobre ese problema, además de una receta o "trabajo" mágico a través del cual el problema puede ser resuelto. Naturalmente, que la solución de un problema, necesita esfuerzos muy materiales de parte de una persona, pero la ayuda espiritual es extremadamente valiosa porque como les he explicado antes la magia funciona a través del poder mental y de la voluntad de cada persona. Cada trabajo mágico fortifica la voluntad y la dirige hacia lo que se desea obtener. De modo que el trabajo mágico, en conjunción con el esfuerzo material, es lo que ayuda en la solución de un problema.

Esta sección se compone de varios de los consejos o recetas mágicas que les sugiero a las personas que me escriben a mi colurnna De Mí Para Ti en el periódico El Especial. Notarán que algunas de las recetas, o versiones similares, aparecen en otras partes de este libro. Esto se debe a que he recomendado esas recetas u otras parecidas a varias de las personas que me escriben a la columna.

128. Para el Amor

Conseguir una bolsita roja y colocar adentro tres cabellos de quien hace el trabajo y tres cabellos de la persona amada dentro de la bolsita junto con polvo imán, pétalos de rosas rojas, azúcar negra, y tres hojas de llantén, todo hecho polvo o triturado. Meter la bolsita adentro de la almohada de la persona amada en el medio del guano. Esto es para que esa persona siempre sea fiel.

129. Para La Suerte en el Amor

Encender un velón verde a Anael todos los viernes, y ponerle una copa de vino blanco con miel y alumbre. Darse baños de canela, mirto, verbena y rosas rojas los viernes con miel y vino. Esto se hace para tener suerte siempre en el amor.

130. Para Obtener un Amor Nuevo

Darse siete baños con hojas de aguacate, limoncillo, zarzaparrilla, muérdago y albahaca hervidos en agua. Añadirle a cada baño un poco de jugo de zanahorias, melao de caña, vino tinto y siete gotas de licor de curazao. Mientras se da cada baño la persona se frota con una manzana partida en dos. Después del baño unir las dos mitades de la manzana con dos astillas de palo santo y tirarlas cerca de una iglesia pidiendo un amor nuevo.

131. Para Tener Paz en el Hogar

Conseguir la imagen del Santo Niño de la Paz y cubrirla con un pañuelo de seda o satín azul. Rodear la imagen con siete velas azules encendidas y rezar el salmo 71. Pedirle que traiga paz e iluminación al hogar. Repetir las velas por siete días. Guardar el pañuelo y usarlo en el cuello o el pecho cuando haya disturbios en el hogar.

132. Para Lograr Matrimonio con una Persona

Se consigue una pareja de novios de velas, que estén huecos por dentro. Se rellenan con mirto, verbena, canela en rama, astillas de palo paramí, palo vencedor y palo vence batalla, pacholí, lavándula. y romero, un poquito de cada cosa. Se sella la base de los novios con un pedazo de pergamino virgen, en el cual se han escrito los nombres e las dos personas. Se encienden durante cinco minutos rezando el salmo 45. Luego se apagan con los dedos. Se ponen sobre un espejo rodeados con cinco velas amarillas en nombre de Oshun, pidiendo se conceda ese matrimonio. Se repiten las cinco velas por cinco días. Luego guardar los novios envueltos en una pieza de la persona que hace el trabajo, amarrada con cinco nudos.

133. Cuando un Esposo Está Diferente

Se consigue un par de sus medias usadas, y se les mete a cada una un huevo hervido por cinco minutos con todo y cascarón. Luego se amarra con unas medias usadas de quien hace el trabajo. Se mete todo debajo del colchón de la cama donde él no las encuentre.

134. Para Conservar al Esposo

Se meten tres hojitas de salvia con un coral en una botella de ESTRUS. Usarlo a diario detrás de las orejas. Esto es de una tremenda eficacia para contrarrestar la infidelidad y fortalecer los lazos amorosos entre dos personas.

135. Para el Esposo Mujeriego

Cuando el esposo es muy mujeriego y se desea que permanezca en el hogar, se amarra una de sus medias a una de la esposa y se clavan las dos con cinco clavitos dorados debajo de la cama, en nombre de Oshún. Luego se mezcla leche en polvo, almizcle, polvo mosca, piedra cal, cascarilla, azúcar negra, canela y polvo imán. Se pone este polvo en un plato hondo y en el medio del polvo, se enciende un velón amarillo de vaso a Oshún pidiendo que el esposo se mantenga siempre en el hogar. Luego que se apague el velón, echar ese polvo alrededor de la manzana donde está la casa en la que habita el matrimonio.

136. Para Estabilizar el Hogar y el Matrimonio

Se inscriben las iniciales de los esposos en una patata grande. Se mete la patata en una bolsa de plástico y se espera que le salgan raíces. Tan pronto salgan las raíces, se entierra la patata frente a la casa, junto con dos imanes y una hoja de prodigiosa. Rocear un poco de vino sobre la tierra.

137. Cuando un Esposo se ha ido y se Desea Su Pronto Regreso

Se consigue un pedazo de palo llamao, se envuelve en un papel con el nombre del esposo, se amarra con hilo blanco y se mete en un frasco con ron, bálsamo tranquilo, granos de pimienta negra, una pizca de pólvora, y de aceite de menta. Se tapa el frasco y encima de la tapa se enciende una vela blanca a Obatalá durante 24 días pidiendo que le conmueva la conciencia y lo traiga de nuevo al hogar.

138. Para que el Esposo Regrese

Se coloca su foto dentro de una cazuela de barro. Se le pone un poco de piedra de fuego, o de cal encima, y se rocea con un poco de ESTRUS. La piedra va a empezar a humear. Tan pronto empieza a humear se rodea la cazuela con cinco imanes y cinco velas amarillas inscritas con el nombre del esposo. Esto se hace frente a la puerta de entrada, en el suelo. Al otro día, se repiten las cinco velas pero la cazuela se mueve hacia adentro de la casa. Todos los días se repiten y se mueve la cazuela cada vez más hacia adentro hasta llevarla al cuarto de la pareja. Una vez que la cazuela está en el cuarto se dejan terminar las velas y se mete la cazuela debajo de la cama con los cinco imanes. Esto se hace en nombre de Oshún con mucha fe.

139. Para que el Esposo Regrese

Se coloca un pedacito de papel con el nombre del esposo dentro de una cazuelita de barro con siete hojitas de yerbabuena. Se les añade siete clases de vino, todos rojos. Por ejemplo, pueden usar sangría, oporto, valpolicella, burgundy y otros vinos rojos que se consiguen en las licorerías. Usar solo un poco de cada vino y encima añadirle igual cantidad de aceite de oliva. Sobre el aceite flotar una mecha hecha con un pedazo grande de algodón. Encender la mecha y rezar la oración a Santa Marta Virgen. Repetir la mecha y la oración por siete martes, añadiendo más aceite según sea necesario.

140. Para que Regrese el Esposo

Se coloca una foto de él y una de la esposa sobre un panuelo de satín, o seda verde. Poner las dos fotos cara con cara y en el medio ponerles canela en polvo, polvo de mosca, polvo de almizcle, azúcar negra, una mosca cantárida y pétalos de rosas rojas. Las fotos se unen y se cosen alrededor con hilo verde y se envuelven en el pañuelo roceado con un poco de Estrus. Colocar las fotos envueltas en el pañuelo debajo del colchón de la cama. Darse siete baños de cascara de limón verde, canela y nuez moscada. Añadirle miel y una clara de huevo a cada baño.

141. Para que el Esposo Regrese

Se le abren tres boquetitos a un coco, se vacía el líquido y adentro del coco se mete un papelito sin rayas con el nombre de él, miel, canela, cinco clases de licores, polvo mosca cantárida, precipitado rojo, aceite de tiburón y aceite de carey. Se enciende una vela amarilla y con la cera se sellan los boquetitos que se hicieron en el coco. Colocar el coco sobre una copa de vino blanco, miel, y un imán. Durante 21 días encender una vela amarilla encima del coco, en nombre de Oshún, pidiéndole que el esposo regrese. A los 21 días se amarra el coco con cintas amarillas, y se deja el coco cerca de un río con 25 centavos. Si queda vino en la copa se vacía frente a la casa. Cargar el imán siempre en la cartera. Esta es una versión del popular coco borracho, uno de los trabajos amorosos más famosos de Latinoamérica.

142. Para que Regrese el Esposo

Coger siete de sus cabellos y unirlos a siete cabellos de la esposa con palo amanza guapo. Amarrar todo con hilo rojo y negro. Luego meterlos en un vaso con aguardiente, vino seco, y miel. Encender una vela roja diaria al lado del vaso en nombre de su angel guardián pidiendo que traiga al esposo de regreso al hogar.

143. Para que el Esposo Regrese

La esposa se pone un par de medias usadas del esposo durante tres días seguidos. Luego hacer siete nudos a cada una, y enterrarlas en un tiesto grande con una papa y tres imanes. Colocar el tiesto cerca de la puerta de entrada para atraerlo al hogar.

144. Cuando Se Desea que una Persona que se ha ido Regrese

Poner su foto dentro de una cazuela de barro y añadir aceite de oliva, un poco de limadura de hierro, precipitado rojo, polvo almizcle y cabellos de esa persona, si es posible. Encima flotarle tres mechitas encendidas por una hora diaria hasta que termine el aceite, rezando los salmos 44 y 45 en nombre del angel guardián de esa persona. Repetir por tres meses hasta que la persona regrese.

145. Para Casarse

Darse 15 baños de agua de manantial, agua de río, agua de rosas, agua de lluvia, y agua de azahar con miel, cidra, y leche de cabra. Después de cada baño encender una vela rosada, rocear la base de la vela con Estrus y rezar el salmo 47. Conseguir unos muñecos con forma de novios hechos de velas, y rellenarlos por debajo con pétalos de rosas rojas, incienso de maíz, azúcar, canela, y los nombres de las dos personas. Todos los días encender los dos muñequitos y rezar el salmo 47 pidiéndole a Oshún ese matrimonio. Luego apagar las velas con los dedos y al otro día volverlas a encender. Continuar hasta que el incienso que está adentro de los muñecos se encienda.

146. Para la Suerte

Darse seis baños de álamo, jobo y una granada hervidos. Aña-dirle miel y vino tinto a cada baño. Luego conseguir una piedra de rayo y ponerla en una copa de vino seco con 12 gra-nos de pimienta de guinea en nombre de Changó, y encenderle una vela roja durante 12 días. Al terminar los 12 días sacar la piedra de rayo del vino y cargarla para siempre.

147. Para la Suerte

Darse cinco baños con cerveza japonesa, agua mineral, cinco claras de huevo batidas y una cucharada de azúcar. Mientras la persona se echa el baño debe tener una vela amarilla: encendi-da en la mano en nombre de Oshún y rezar un Padrenuestro, Avemaría y Gloria. Después de los baños, hacer cuatro bolas de harina de maíz crudo con manteca de corojo y miel. Se colo-can en un plato blanco y en el medio se enciende una vela blanca corta en nombre de Elegguá y se le pide ayuda en el di-nero y el juego. Repetir la vela por tres días. Al tercer día se recogen las cuatro bolas de harina y se ponen en las cuatro es-quinas de la manzana donde se reside con tres centavos en nombre de Elegguá. Luego colocar tres dados rojos en un vaso con ron y miel detrás de la puerta de entrada, comenzando un lunes. Cada lunes añadir ron y miel al vaso.

148. Para la Suerte

Conseguir una ágata amarilla y meterla en una bolsita amari-lla con un poco de tierra del país de origen, semilla de trigo, una moneda de plata y seis imanes. Se le echa agua bendita y se carga siempre en la cartera. Luego se le pone una copa de aceite de oliva con una hoja de prodigiosa al arcangel Rafael y un velón amarillo todos los miércoles para que atraiga la buena suerte.

149. Para la Suerte

Se vacía una botella de Estrus en un frasco de boca ancha, se le añade un dólar de plata que se haya comprado en un banco, un imán, un pedazo de alambre de cobre y tres granos de pimienta de guinea. El cobre se usa porque es buen conductor de energía y la pimienta para acelerar la suerte. El imán y el dólar son para atraer el dinero. Usar el perfume cuando se vaya a jugar o llevar a cabo algun trámite financiero.

150. Para la Suerte

Azotar las paredes de la casa con un ramo de arrasa con todo, eucalipto y escoba amarga amarradas con una cinta roja y roceadas con amoníaco y bencina. Hacer esto durante tres días y luego botar las yerbas lejos de la casa. Rocear la casa con agua y amoníaco, por 33 días y luego rodear con agua de arroz, leche, miel, por 33 días mas. Colocar un espejo en cada puerta y un pan grande debajo de cada cama, para atraer el dinero y la prosperidad.

151. Para la Suerte

Colocar un vaso de agua al sol por una hora en las mañanas y tomarlo en ayunas a diario. Eso da gran energía solar y atrae la buena suerte.

152. Para la Suerte

Colocar una copa de agua con 12 gotas de amoníaco en la puerta de entrada de la casa, encender una vela blanca y rezar el salmo seis y pedir a Dios que purifique el aura y la mente. Luego tirar el agua hacia afuera. Repetir todos los martes y viernes.

153. Para la Suerte

Darse siete baños de rosas amarillas, hojas de laurel, canela, flor de cerveza, y cáscara de mavi. Echarle miel y leche a cada baño. Prender una vela blanca al ángel guardián y rezar el salmo 17. Repetir el primer día de cada mes con una vela blanca.

154. Para la Suerte

Majar tres manzanas con un poco de leche, harina de maíz, y azúcar negra. Frotarse el cuerpo con esta mezcla. Luego sacársela con un baño de toronjil, anís estrellado, albahaca, yerbabuena y rompezaragüey, con miel y agua bendita. Repetir estos despojos por siete días con una vela blanca y el salmo 8.

155. Para la Suerte

Pararse en ayunas frente al sol todas la mañanas con una copa de agua en la mano adentro de la cual se ha colocado un cuarzo blanco y unas gotas de agua de azahar. Dejar que los rayos del sol reflejen en el durante cinco minutos mientras se respira hondamente con los ojos cerrados. Pedir a Dios y a sus ángeles guardianes que le den luz, y energía y suerte. Luego frotarse las manos y el rostro con esa agua.

156. Para Dinero

Llenar una fuente de cristal hasta la mitad con miel y la otra mitad con aceite de maíz. Colocar la fuente sobre cinco billetes de cinco dólares, y rodearla con cinco imanes. Sobre el aceite encender cinco mechitas durante, una hora diaria. Repetir por 35 días en nombre de Oshún. Luego llevar todo en una bolsa con 25 centavos cerca de un río. Los cinco billetes se meten debajo del colchón de la cama para que siempre haya dinero en el hogar.

157. Para Dinero

Darse cinco baños de perejil, doradilla y manzanilla con leche, una yema de huevo y miel en nombre de Oshún, con una vela amarilla. Luego, dentro de una cazuela de barro, hacer una lámpara con cinco hojas de menta, miel y aceite de maíz en nombre de Oshún y encenderla una hora diaria durante 25 días. Luego repetirla todos los viernes.

158. Para Poder Pagar una Deuda que Se Debe a un Banco

Despojarse durante cinco días con un ramo de eucalipto y laurel roceados con cerveza. Luego tirarlos a un parque con cinco centavos, ir al banco donde deben el dinero y cambiar un billete de $20 en cuatro billetes de $5. Ahuecar cuatro panecitos, echarles aceite de oliva y semilla de pájaros en cada hueco. Luego envolver un imán pequeno en cada billete de $5 y meterlo en cada panecito. Dejar los panecitos en las cuatro esquinas de la quadra donde está el banco en nombre de Oshún.

159. Para Dinero

Se consigue un velón verde, se saca del vaso y se le entierran tres clavitos dorados en el medio. En el fondo del vaso se pone polvo imán, aceite de oliva y una moneda de plata. Se coloca el velón en el vaso de nuevo y se enciende una hora diaria en nombre del Angel Guardián.

160. Para Dinero

Llenar una fuente de cristal hasta la mitad con miel y la otra mitad con aceite de maíz. Colocar la fuente sobre cinco billetes de cinco dólares y rodearlas con cinco imanes. Sobre el aceite encender cinco mechitas por una hora diaria. Repetir por 35 días en nombre de Oshún. Luego dejar todo en una bolsa con 25 centavos cerca de un río. Los cinco billetes se meten debajo del colchón de la cama.

161. Para Dinero

Ir a un banco y comprar un dólar de plata. Colocar ese dólar en una fuente con 12 granos de pimienta de guinea, precipitado rojo, tres imanes, polvo imán y aguardiente. En el medio de la fuente, sobre la moneda, colocar un velón blanco en nombre de Eleggúa y dejarlo terminar. Esto se hace un lunes y se repite el velón por tres lunes seguidos. Luego sacar el dólar y cargarlo siempre en el bolsillo. Ponerle una vela blanca a Elegguá todos los lunes.

162. Para Dinero

Frotarse el cuerpo con tres limones verdes y luego meterlos en una bolsa roja con sal y cenizas y tres centavos, y tirarlos lejos de la casa. Después darse siete baños con cáscara de maví, flor de cerveza y semilla de trigo hervidos. Añadirle azúcar negra y un poco de ron a cada baño. Dedicar una vela roja al Espíritu del Indio, con un tabaco y un poco de incienso de maíz todos los martes y pedirle que traiga dinero y prosperidad al hogar.

163. Para Dinero

Darse tres baños de álamo, paraíso, rompezaragüey y una granada hervidos en agua. Añadirle agua bendita y unas gotas de amoníaco a cada baño. Encender una vela blanca y rezar el salmo 91 despues de cada baño. Ahuecar cuatro manzanas, ponerles un imancito adentro con miel, canela y aceite de menta y encender una mechita sobre el aceite una hora diaria por 24 días. Poner las cuatro manzanas en las cuatro esquinas del cuarto. Cuando se dañen, se recogen y se dejan cerca de un banco. Rocear a diario la casa con agua de arroz, leche y miel.

164. Para Dinero

Hacerle una ofrenda al ángel Uriel de un plato con semilla de trigo espolvoreada con polvo dorado, tres mazorcas de maíz y un frasco de miel. Al lado se enciende un velón verde con un dólar debajo y se le pide ayuda económica. El velón se repite continuamente hasta que se reciba la ayuda deseada. Darse también siete baños de perejil, doradilla, canela, laurel y comino con miel y cidra.

165. Para Dinero

Darse 21 baños de semilla de lino, semilla de trigo y cáscara sagrada hervidas en agua. A cada baño anadirle una cucharada de harina de maíz, miel y un poco de aguardiente. Durante esos 21 días quemar canela, laurel y comino en la casa para atraer el dinero. Para suerte en el juego, colocar una pirámide pequeña encima del billete de la lotería y encender una vela verde al arcángel Uriel que rige el dinero y la abundancia.

166. Para Dinero

Preparar cinco bolas de harina de maíz, manteca de corojo, miel y leche de coco del tamaño de un huevo y ponerlas en el piso alrededor del cuarto de dormitorio. Luego, darse cinco baños de abre camino, ajenjo, flor de manzanilla, semillas de tamarindo, hojas de tilo con café, ron y miel. Prender una vela amarilla a Oshún después de cada baño y pedirle que les traiga el dinero al hogar. Las bolas de maíz se dejan en el cuarto durante 25 días, luego se llevan cerca de cinco bancos distintos.

167. Para Que un Dinero Perdido Aparezca

Se consigue una imagen de San Antonio y se coloca sobre un espejo al que se le ha puesto un poco de aceite de oliva. Rodear el santo y el espejo con un círculo de polvo de cascarilla y 13 velas grandes color castaño pidiéndole que aparezca el dinero o lo que esté perdido.

168. Para Acumular y Ahorrar Dinero

Conseguir una caja redonda de metal como las de galletas. Lavarla con agua, leche y miel, y secarla y ponerle 21 hojas de laurel en el fondo, con semilla de trigo, arroz, unos granos de maíz, hojas de sen y polvo imán. Sobre todo esto colocar 21 monedas de todas clases y soplarles ron y humo de tabaco. Colocar esta caja tapada debajo de la cama. Todos los días se abre y se le mete dinero adentro, lo más que se pueda. Rociar la casa con agua de arroz, leche y miel a diario y quemar incienso de maíz con migajas de pan seco.

169. Para Atraer el Dinero y La Buena Suerte a un Negocio

Se colocan 12 piedras de igual tamaño pintadas de blanco a lo largo de las paredes del negocio y se riega arroz con harina de maíz. Colocar un billete de $50 en cada esquina del negocio cubierto con un imán, sin que nadie lo vea. Quemar comino, canela y laurel a diario y rocear agua, amoníaco y azúcar.

170. Para el Dinero y La Buena Suerte

Despojarse con un ramo de abre camino amarrado con una cinta roja. Luego darse siete baños de pan hervidos con hojas de laurel, doradilla y pétalos de girasol. Colar cada baño y añadirle miel y champagne. Luego hervir siete huevos y pintarlos con pintura dorada. Dejarlos cerca de siete bancos distintos. Esto es muy potente y surge efecto rápidamente.

171. Cuando Se Desea Vender un Negocio

Se hierve verbena y cáscara sagrada, se le añade una cerveza y miel y se rocea el frente del negocio con ese líquido. Esto se repite por 21 días.

172. Para Atraer el Dinero

Conseguir una moneda de plata y encima hacerle una crucecita con palo santo, amarrarla bien con hilos rojo y negro en nombre de Elegguá y luego meterla en un coco que han vaciado de antemano. Adentro del coco poner bálsamo tranquilo, miel, almagre, pescado y jutía y manteca de corojo y amarrarlos con cintas rojas y negras. Guardarlo en un sitio seguro. Durante tres lunes ponerle una vela blanca a Elegguá con una copita de ron y un tabaco.

173. Para Conseguir Empleo

Rocear la casa con agua, ron y melao de caña durante 33 días. Luego darse 21 baños de paretaria, yerba mora, yerba dulce, verdolaga y berro hervidas con anís y comino en agua común. Añadirles azúcar negra y una clara de huevo a cada baño después de colarlo. Se echan estos baños por los hombros mientras se frota la persona con un panecito. Lo que quede de cada pan tirarlo donde los pájaros se lo coman. Después de cada baño prender una vela a su angel guardián y rezar los salmos 121 y 150.

174. Para Conservar el Empleo

Ir a un parque y conseguir 12 piedras del tamaño de un huevo. Soplarles ron y humo de tabaco y pintarlas con cascarilla. Colocar esas piedras alrededor del bloque o manzana donde está localizado el sitio donde se trabaja. Esto es para tener firmeza en el trabajo y no perderlo. Todos los días antes de ir a trabajar se hace una cruz de añil en la plantas de los pies.

175. Para Conseguir Empleo

Pasarse cuatro huevos por todo el cuerpo y luego romperlo en las cuatro esquinas de la quadra donde se vive. Luego darse siete baños de rompezaragüey, albahaca, anís estrellado y yerbabuena, hervidos con agua de arroz y azúcar blanca. Encender un velón rojo al angel guardián pidiéndole un empleo firme y seguro.

176. Para Conseguir un Empleo Específico

Moler arroz, polvo sangre de dragón, perejil, anís, alumbre, lirio de florencia, semilla de trigo y azúcar. Ponerlo todo sobre un pañuelo verde y al frente encender una vela verde durante tres días en nombre de San Matías. Luego regar ese polvo durante tres días en el sitio donde se quiere trabajar. Cargar la piedra matías en el bolsillo con un imán.

177. Para Conseguir Empleo

Darse siete baños de chilca, yerbas de los siete montes y yerba abre camino. Mientras se echa estos baños por los hombros la persona se frota con un jabón negro. Después de cada baño se enciende una vela blanca y se reza. A la semana de haber terminado estos baños, se dan siete baños más, con hojas de laurel, perejil, orégano, canela, y cárdamo, hervidos en agua. Estos baños de especias ayudan a energizar el aura. A cada baño se le añade un poco de ron y miel. Luego se enciende una vela azul; y se hace la oración del Trabajo en nombre del angel guardián.

178. Para Conseguir Empleo

Darse siete baños de toronjil, rompezaragüey, anís,albahaca y yerbabuena hervidos en agua. Añadirle miel, ron, cerveza y vino tinto, a cada baño. Durante siete días, frotarse el cuerpo con tres huevos y romperlos en distintas esquinas de la calle, pidiendo que se abran sus caminos para la suerte. Luego colocar una llave en un vaso de agua con una gota de aceite de menta. Durante siete días encender una vela verde en nombre de San Pedro, pidiéndole un empleo seguro y permanente. Luego cargar la llave en la cartera hasta conseguir empleo.

179. Para Conseguir Empleo

Ahuecar 13 panecitos redondos y rellenarlos con semilla de pájaro, semilla de trigo y unos granos de maíz. Echarle un poco de manteca de corojo por encima y distribuirlos alrededor de la calle donde se reside. Empezar esto un martes, encendiendo una vela blanca en nombre de San Antonio, pidiendo un buen empleo. Repetir las velas durante 13 días.

180. Para Conseguir Empleo

Hervir una granada, cortada en cuatro, cáscara de maví, flor de cerveza y panacea. Colar el líquido y añdirle unas gotas de citronela y de agua bendita. Echarse este baño por los hombros y rezar el salmo 77 con una vela blanca en nombre de Yemayá. Antes de darse el baño, cortar un melón de agua en siete pedazos y frotarse uno de los pedazos del melón por todo el cuerpo. Luego echarse el baño por los hombros. Repetir los baños por siete días, usando un pedazo de melón cada día. Encender una vela azul a Yemayá después de cada baño, pidiédole un buen empleo.

181. Para Conseguir Empleo

Conseguir 13 panecitos pequeños, ahuecarlos y adentro ponerles un poco de manteca de corojo, harina de maíz y miel. En el centro de cada uno colocar una vela blanca encendida. Colocar los 13 panecitos con las velas en forma de círculo y en el medio colocar una imagen de San Antonio. Cuando se terminen las velas, meter los panecitos en una bolsa y dejarlos cerca de un banco. Repetir todo esto durante 13 martes seguidos pidiendo trabajo a San Antonio.

182. Para Conseguir Empleo

Cortar un pan largo en 12 rodajas. Durante 12 noches hervir una de esas rodajas de pan con yerbabuena, toronjil, yerba abre camino, anís, cáscara de maví y flor de cerveza. Colar cada baño y añadirle miel, leche de cabra y cidra. Después de darse cada baño, encender una vela verde en nombre de San Pedro y pedirle que le ayude a conseguir trabajo. Colocar una llave dentro de una copa con ron, miel, y manteca de corojo al lado de la puerta de entrada con un velón verde durante siete semanas.

183. Para Asegurar el Empleo

Se muele alumbre, anís, arroz y cascarilla. Se mezcla este polvo con azúcar y se tira un poco en el trabajo todos los martes y viernes, en la entrada y donde pisen los jefes. Luego colocar los nombres de las personas que causen problemas en un frasco con miel, almagre, bálsamo tranquilo, y palo yo puedo y tú no. Tapar el frasco con fuerza, amarrarlo con cintas blancas y esconderlo en el trabajo sin que nadie lo vea.

184. Para la Salud

Conseguir un melón grande, hacerle siete cortes y en cada corte meterle un papelito con el nombre del enfermo. Colocar el melón sobre una pieza usada de la persona enferma y rodearlo con siete velas azules. Repetir las siete velas durante siete días, pidiéndole a Yemayá que traiga la salud a esa persona. A los siete días llevar el melón al mar con siete centavos. Vaciar una botella de melao de caña en las aguas del mar. Luego la persona enferma debe ponerse esa pieza de ropa de nuevo, aunque sea una vez, pero sin lavarla.

185. Para la Salud

Hacer un muñeco con una pieza usada de la persona enferma y rellenarla con cundiamor, zarzaparrilla, la yerba pata de gallina, maíz en grano y alcanfor. Durante 17 días pasarle este muñeco de tela a esa persona por todo el cuerpo en nombre de San Lázaro pidiéndole que lo cure de esa enfermedad. Luego meter el muñeco en un cubo de metal y pegarle fuego, pidiendo que así se destruya esa enfermedad. Apagar el fuego con agua bendita, echarle cascarilla a las cenizas y botar todo en un matorral lejos de la casa con 17 centavos. Luego prender un velón blanco a San Lázaro por 17 días frente a su imagen.

186. Para la Salud

Colocar una mesa con un mantel blanco en el cuarto del enfermo. En cada esquina de la mesa colocar un cuarzo blanco roceado con agua bendita. En el medio de la mesa colocar una fuente de agua con una cruz adentro y debajo colocar la foto del enfermo. Al frente encender una vela blanca. Todos días pararse en ayunas frente a esa mesa pidiéndole a Dios que con su poder sane a esa persona. Repetir durante 21 días.

187. Para la Salud

Llenar un vaso grande con azúcar candy y licor de anís, Cubrir el vaso con algodón y espolvorearlo con cascarilla. Rodear el vaso con cuatro velones blancos continuos durante 24 días, en nombre de Obatalá y pedirle salud y paz.

188. Para Sanarse de una Enfermedad

Darse 17 baños de cundiamor, zarzaparrilla, salvia, y romerillo hervidos en agua. Añadirle agua bendita y unas gotas de amoníaco a cada baño. Tener siempre encendido un velón morado en nombre de San Lázaro en la casa. Frotarse la parte afectada con aceite de oliva hervido con cáñamo y alcanfor.

189. Para Dejar el Vicio de la Bebida

Se coge una media blanca usada de la persona y se mete en un frasco vacío. Encima se le echa una botella de la bebida que esta persona prefiere. A las 24 horas se saca de la botella y se exprime en el líquido. Lavarla y guardarla con su otra pareja para que sean las primeras medias que se vuelva a poner. Guardar el líquido en un frasco. Añadir una cucharada de este líquido al licor que toma esta persona, si es posible a diario.

190. Para Que una Persona Deje el Vicio de las Drogas

Se cogen dos medias usadas de la persona y se meten en un frasco con palo santo, palo cambia voz, palo cambia rumbo, agua maravilla, agua bendita y agua de mar. Se tapa bien el frasco y se vira al revés sobre una foto de la persona colocada al revés también. Sobre la base del frasco se enciende una vela verde al revés en nombre de San Judas Tadeo y se le pide que cambie a esta persona para que deje el vicio que lo domina. Repetir por 33 días y luego enterrar el frasco debajo de un árbol frondoso.

191. Para Liberar a un Hijo de Fuerzas Negativas

Se le pasa un ramo de quita maldición roceada con agua ras de la cabeza a los pies. Luego se coloca el ramo de quita maldición en un cubo de metal. Se repite la limpieza durante tres días. A los tres días se le pega fuego a las yerbas en el cuarto de baño. Se apaga el fuego con un poco de arena con cascarilla y se le pide a Yemayá y a Obatalá que limpien al hijo de toda la negatividad y mala suerte que le rodea. El cubo se tira en un basurero lejos de la casa con ocho centavos. Después de esos despojos se le preparan ocho baños de agua de coco, agua de mar, agua maravilla, agua bendita y agua mineral con azúcar blanca y una clara de huevo. Encender una vela blanca después de cada baño y rezar el salmo 23 y 135.

192. Para el Estómago

Tomar todas las noches un té de boldo y manzanilla hervidas. Añadirle miel, elixir paregórico y un poco de agua de azahar. Una vez en la cama frotarse el estómago con aceite de oliva bien tibio mezclado con alcanfor molido. Luego cubrirse esa área con un pedazo de franela. Bajo de la cama se coloca un plato blanco con una calabacita. Todos los días en ayunas se pasa la calabaza por el vientre en nombre de la Virgen de la Caridad del Cobre. Cuando se dañe la calabaza se deja cerca de un río con 25 centavos. Repetir todo de nuevo hasta sanarse.

193. Contra el Mal de Ojo

Hervir un poco de alcanfor en aceite de oliva y ponerlo en una botella. Todas la mañanas en ayunas frotar el vientre de la persona con un poco de aceite tibio, suavemente, moviendo las manos hacia abajo. Después, con una vela corta en la mano se reza la oración de San Luis Beltrán. Cada vez que se vea una cruz en la oración, se hace una cruz sobre el vientre de la persona enferma con la vela. Hacer esto por 21 días. Luego repetir todos los lunes hasta que la persona se sane.

194. Para Rechazar Pensamientos Oscuros o Vibraciones Negativas

Colocar varios pedazos de vidrio, clavos, agujas y alfileres dentro de un pote de boca ancha con amoníaco y vinagre. Enterrar este frasco en el patio de la casa y esto va a rechazar cualquier pensamiento o trabajo oscuro que sea enviado a la casa. Despojarse con pasote fresco por 17 días en nombre de San Lázaro y luego quemar todo el pasote usado al aire libre. Enterrar las cenizas y dejarles encima 17 centavos. Luego darse 17 baños de romerillo, yerba mora, zarzaparrilla, cundiamor y quita maldición. Añadirle agua bendita y unas gotas de asafétida y de amoníaco a cada baño. Usar un jabón de castilla con estos baños. Mientras se da cada baño se tiene una vela blanca en la mano derecha. Luego se reza la oración al Santísimo Justo Juez y se le pide salud y justicia. Tener siempre agua con alcanfor debajo de la cama.

195. Para Adquirir Energías Adicionales, Sobre Todo Cuando la Persona Se Siente Débil o Deprimida

Se dan siete baños en el mar para que Yemayá, identificada con la Madre Cósmica, otorgue su bendición a través de sus aguas. Cada vez que se va al mar llevarle frutas y vaciarle una botella de melao de caña en las aguas con siete centavos. Al terminar los siete baños de mar, conseguir un cuarzo blanco de punta fina, lavarlo en el mar y ponerlo a coger la luz del sol y de la luna por siete días. Luego colocarlo sobre el entrecejo y pedir que traiga protección, prosperidad y energía positiva. Cargarlo sobre el pecho siempre, para estar energizado.

196. Contra el Insommio

Colocar un cuarzo blanco dentro de la almohada con un poco de cascarilla en polvo. Primero se pone el cuarzo en agua con sal de mar por 24 horas, se enjuaga y se pone al sol por seis horas. Luego se pone entre las cejas y se pide que traiga paz, amor, y armonía. Poner debajo de la cama una fuente de agua con alcanfor.

197. Para Suavizar y Tranquilizar a Alguien

Colocar el nombre de la persona en una copa de cristal con aceite de oliva, tres hojas de laurel, semilla de bálsamo y la piedra matías. Prender una vela de cera virgen en nombre del angel guardián de esa persona, y pedirle que traiga amistad y armonía entre esa persona y quien hace el trabajo. Repetir por siete días.

198. Para Suavizar y Tranquilizar a Alguien

Majar ocho patatas con manteca de cacao y una clara de huevo. Poner el nombre de la persona en un plato blanco y encima colocar las papas a las que se le dan la forma de una torrecita. Espolvorear la torre de papas con cascarilla y cubrirla con algodón. Al frente prenderle una vela blanca a la Virgen de las Mercedes durante ocho días. Luego guardarla en un sitio alto.

199. Para Suavizar y Tranquilizar a Alguien

Abrir un hoyito en un coco seco, botar el agua y adentro poner el nombre de la persona en un papelito sin líneas, añadir manteca de cacao, cascarilla y azúcar blanca. Sellar el coco con la cera de una vela blanca derretida. Envolverlo en algodón y colocarlo sobre una copa de agua con alumbre en nombre de Obatalá. Al lado prender una vela blanca durante ocho días. Luego tirar el agua hacia calle y guardar el coco en un sitio seguro.

200. Para Suavizar y Tranquilizar a Alguien

Conseguir tres mazorcas de maíz secas, ponerles bastante manteca de corojo, y amarrarlas juntas con una cinta roja. Colocar las tres mazorcas sobre un papel con el nombre de la persona en un plato blanco y soplarle bastante humo de tabaco. Poner el plato en el suelo con una taza de café y una vela blanca. Durante 21 días se le sopla humo al maíz, se cambian el agua y el café y se le prende una vela blanca en nombre de Elegguá, pidiendo que tranquilice a esa persona.

201. Para Suavizar y Tranquilizar a Alguien

Conseguir una vela grande de cera virgen, escribir a lo largo de la vela el nombre de la persona tres veces. Derretir un poco la base de la vela y ponerla adentro de una fuente grande de cristal. Llenar la fuente hasta la mitad de la vela con miel y bálsamo tranquilo. Todos los días prender la vela y rezar el salmo 1 y 150 en nombre de esa persona, pidiendo la paz con él o ella. Dejar que la vela queme por una hora y apagarla con los dedos. Cuando la llama llegue al nivel de la miel y el bálsamo tranquilo, la vela se va a apagar sola. Sacar la vela de la fuente y meterla en una bolsa blanca con azúcar, cascarilla y alumbre. Luego meter la bolsa debajo de la cama de la persona que hace el trabajo. Echar un poco de la miel y el bálsamo tranquilo de la fuente cerca de donde vive esta persona o por donde ésta pase.

202. Para Suavizar y Tranquilizar a Alguien

Conseguir una camisa o pieza blanca que haya sido usada por la persona. Torcerla y unir los dos extremos, amarrándola con una cinta blanca en forma de círculo. Encima colocar una cazuelita de barro con el nombre de la persona en el fondo. Llenarla con miel, bálsamo tranquilo, manteca de cacao y aceite de castor. Encender una mechita sobre el aceite durante una hora diaria. Repetir por 21 días.

203. Para Suavizar y Tranquilizar a Alguien

Poner el nombre de la persona debajo de una torre de ñame hervido y majado con manteca de cacao. Cubrir la torre con algodón espolvoreado con cascarilla en nombre de Obatalá. Al frente se enciende una vela blanca durante ocho días. Luego guardar la torre en un sitio seguro. Colocar también el nombre de la persona en un frasco con miel, bálsamo tranquilo, aceite de castor, manteca de cacao y polvo de ciervo. Taparlo bien, amarrarlo con cintas blancas y guardarlo al lado de la torre de ñame.

204. Para Calmar a una Persona Muy Violenta

Escribir su nombre en un papel blanco sin líneas. Poner un poco de manteca de cacao sobre el papel y pegarle fuego. Recoger las cenizas en un frasco y añadirles cascarilla, sal en grano y arena. Amarrar el frasco con cintas blancas y rojas en nombre de Changó y Obatalá y pedirles que calmen a esta persona.

205. Cuando un Hombre Acecha a Una Mujer y la Atormenta o Amenaza

Se pone su nombre en un frasco con sal, vinagre, amoníaco y leche. Se tapa bien y se envuelve en papel aluminio y se mete en el hielo del refrigerador. Esto es para que se enfrie. Para alejarlo, se escribe su nombre en un papel sin líneas y se mete en un sobre con polvo sangre de dragón, precipitado rojo, sal y pescado y jutia. Se escribe su nombre en el sobre con una dirección ficticia y se envía por correo.

206. Para Alejar a Una Persona del Hogar o a Alguien Peligroso

Se vacía un coco y adentro se pone su nombre con polvos de San Alejo, polvo de ñame tostado, 12 granos de pimienta de guinea, polvos de ciervo, cascarilla, manteca de cacao, polvo sangre de dragón y aceite de castor. Se tapa el coco de nuevo, y se sella con cera virgen derretida. Todos los días frente a la puerta de entrada se hace la oración de San Alejo con una vela blanca encendida. Repetir todo por 13 días. El último día se abre la puerta, se pone el coco en el suelo y con el pie se saca de la casa. Luego se mete en una bolsa de papel con sal y 13 centavos y se bota lejos de la casa.

207. Para las Esposas Maltratadas

Comprar nueve flores blancas en nombre de Santa Mónica, patrona de las esposas maltratadas, un día viernes. En una fuentecita mezclar agua, esencia de lavándula con orégano en polvo y deshojar las flores en ese líquido. Lavarse las manos y los pies con esas aguas y luego meter en la fuente una prenda íntima usada del marido. Sacarla en seguida y poner-

la a secar en una ventana a la luz de la luna. Luego que se se-
que colocarla con su ropa limpia para que se la ponga.
Repetir esto por nueve viernes en nombre de Santa Mónica.

208. Para Alejar a una Persona

Se escribe el nombre de esa persona en un pedazo de papel
blanco con un pedazo de cascarilla. El nombre no se va a poder leer porque la cascarilla es blanca igual que el papel pero
el mensaje va a estar impreso en el papel. Se dobla el papel
ocho veces y se amarra con hilo blanco en nombre de Obatalá. Se mete ese papel doblado dentro de un coco seco con
agua de azahar, agua sedativa, y agua bendita. Encender una
vela de cera virgen y con la cera derretida sellar bien el coco.
Luego pasarle bastante manteca de cacao y cascarilla y amarrarlo con una cinta blanca. Dejar este coco debajo de un
árbol grande en otra ciudad o estado y pedirle a Obatalá que
aleje a esa persona para siempre.

209. Para Aclarar una Situación y Traer Paz Entre Dos Personas

Llenar una fuente hasta la mitad con vino rosado. La otra mitad se llena con aceite de menta. Encima del aceite encender
una mechita por una hora diaria durante 21 días en nombre
del ángel Anael. Al lado de la fuente colocar una copa de agua
con un huevo entero en nombre de Santa Clara. Al terminar
los 21 días romper el huevo en un cruce de calles.

210. Para Atraer a Alguien que Está Lejos

Se escribe una carta en papel azul a Yemayá, la Virgen de Regla, pidiéndole que traiga a esa persona y que la favorezca

con buena suerte. Luego meter la carta en una botella vacía con polvo imán, precipitado rojo, amarillo y blanco y aceite de tiburón. Tapar la botella y tirarla al mar pidiéndole a Yemayá que esa persona regrese sin peligro. Luego encender una vela azul por siete días.

211. Para Atraer a Alguien que Está Lejos

En una botella de soda vacía, colocar un papel en el que se ha escrito una carta a Yemayá pidiéndole que les ayude a que esa persona se ponga en contacto con quien hace el trabajo. Añadirle melao de caña, los pétalos de una rosa blanca, anís y alcanfor hecho polvo a la botella. Luego tapar la botella y tirarla al mar con siete centavos. Asegurarse de que las olas se lleven la botella. Después de haber hecho esto, se le ofrenda a Yemayá una copa de melao de caña con piedra alumbre y cascarilla y un velón azul durante siete días rezando el salmo 7.

212. Para Mudarse

Regar hojas de eucalipto por toda la casa un día viernes. El viernes siguiente se recojen sin dejar ninguna en el suelo. Se meten en una bolsa con sal en grano, 10 granos de pimienta de guinea y 10 granos de pimienta negra. Se tira la bolsa en un zafacón lejos de la casa, pidiendo a su ángel guardián que los saque de ese sitio. Luego encender una vela amarilla dentro de una fuentecita de aceite mineral en nombre de la Virgen de Loreto y pedirle un nuevo hogar. Repetir la vela por 33 días.

213. Para Vender una Casa

Rocear la casa por dentro y por fuera con agua fría, agua florida, amoníaco, agua de rosas, harina de maíz y miel. Luego encender 12 velas blancas de 15 minutos en círculo en el sótano de la casa La persona se mete en medio del círculo de las velas y hace la oración a los 12 Santos auxiliares, pidiendo la venta de la casa. Dejar que se terminen las velas y luego pasar una paloma blanca por toda la casa y echarla a volar.

214. Para Vender un Terreno o Propiedad

Hervir laurel, hojas de vencedor, paraíso, rompezaragüey y cáscara de naranja. Colar el agua y añadirle leche, miel y harina de maíz. Rocear el líquido alrededor de la propiedad. Enterrar una moneda con un imán y un jade en cada punto cardinal del terreno.

215. Para Ganar un Caso de Corte

Darse seis baños de rompezaragüey, paraiso y álamo. Después de hervir y colar cada baño añadirle vino tinto y miel. Luego encender un carboncito y sumergirlo en el baño y tan pronto se apague sacandolo del líquido. Este baño se da en nombre de Changó, que es dueño del fuego. Después de cada baño encender una vela roja corta y pedirle a Changó que los ayude a vencer en ese juicio. Luego tuestan maní, maíz seco, arroz, semilla de trigo y anís estrellado. Moler bien todo,añadirle azúcar, cascarilla y alumbre molido y regar ese polvo alrededor de la manzana donde está la corte en la sala del jurado.

216. Para Ganar un Caso de Corte

Poner el nombre del juez en una cazuela con una hoja de yerba linda, precipitado rojo, blanco y amarillo, una gota de civet y aceite de oliva. Encender una mecha encima del aceite y repetir durante 33 días en nombre de Elegguá.

217. Cuando Se Desea Tener un Hijo

Se le hace la siguiente ofrenda a la Virgen de la Caridad del Cobre, Oshún, en la Santería. Se compran cinco calabazas y se frotan por el vientre. Luego se abren y se les vacía un huevo entero adentro a cada una. Se le añade un poco de miel y canela y el resto se rellena con aceite de almendras. Se flota una mechita encendida en cada calabaza por una hora diaria y se le pide un niño a la Caridad del Cobre. Se colocan las calabazas en el suelo alrededor de la cama y se repite la mechita por 15 días. Luego se dejan las calabazas cerca de un río con 25 centavos.

218. Cuando una Mujer Tiene Problemas con Sus Embarazos

Se consigue cinco pedazos de cinta amarilla y se hace una trenza con ellas. Se rocean tres con un poco de vino blanco y miel. Luego se amarra esa trenza a la cintura en nombre de Oshún, y se le pide que así amarre al bebé durante el embarazo para que pueda nacer bien. Después conseguir una calabacita y pasársela todos las mañanas por el vientre pidiendo a Oshún que les conceda el milagro de un hijo sano y normal.

219. Para Tener un Bebé

Se abre una calabacita y se le meten hacia adentro las semillas. Adentro se pone el nombre de la mujer junto con tres objetos de bebé como un chupete, unas mediecitas y una pulserita de oro. Llenar la calabaza con miel, y un poco de canela. Taparla de nuevo, ir con el esposo a un río que fluya bien claro. Entrar al río con cuidado y depositar la calabaza en el agua, que vaya al fondo con 25 centavos en nombre de Oshún y pedirle la gracia de un bebé. Mantener un velón amarillo encendido siempre para Oshún hasta que el niño nazca.

220. Para Separar a un Hijo de Malas Influencias

Escribir el nombre del hijo y la influencia negativa en una cinta blanca, uno al lado del otro y seguidamente cortar la cinta separando los nombres. Para cortar la cinta usar una tijera nueva roceada con agua bendita o amoníaco. Luego botar la cinta con el nombre de la influencia o amigos nocivos. La cinta con el nombre del hijo se mete en un frasco vacío con algodón, cascarilla, polvo de ciervo, sebo de flandes, manteca de cacao y altamisa. Rodear el frasco con tres velas blancas encendidas en forma de triángulo y hacer la oración del ángel guardián en nombre del hijo. Repetir las velas y la oración por 21 días. Luego guardar bien el frasco.

221. Para que un Hijo Regrese al Hogar

Se consiguen siete huevos de pato y se pintan de azul. Se colocan en una fuente de agua con melao de caña en nombre de Yemayá, que se identifica con la Madre Cósmica. Debajo de la fuente se pone un papel sin rayas con el nombre del hijo. Se rodea la fuente con siete velas azules y se le pide a Yemayá que conmueva la conciencia del hijo y se ponga en contacto con sus padres. Se repiten las siete velas por siete días. Luego llevar los siete huevos al mar.

222. Para Suavizar y Tranquilizar a un Hijo que Está Reacio

Se coloca su foto con su fecha de nacimiento sobre un paño y se rodea con un círculo de ajo en polvo. Sobre la foto, se coloca una copa de agua con una clara de huevo. Se encienden cuatro velas blancas en cruz alrededor de la foto y se rezan tres Padres nuestros al Niño Perdido durante 21 días pidiendo que el hijo se tranquilice y escuche los consejos de los padres.

223. Cuando un Hijo Está en Malos Pasos y Ha Abandonado el Hogar

Se 'escribe su nombre en papel blanco sin líneas. Se pone el papel encima de un paño blanco. Sobre el papel se coloca una copa de vino blanco y a cada lado de la copa se enciende una vela blanca Esto se hace cada luna nueva rezando el salmo 85 y pidiendo a la Madre Cósmica que el hijo regrese en paz y amor. Después del salmo se toma el vino en nombre de Dios y se deja que las velas se terminen. Después de tomar el vino se toca una campanita y se llama al hijo en voz alta.

224. Para Tranquilizar a un Hijo que Está en Malas Compañías y en Peligro

Hacer una bolsita blanca y adentro colocar un poco de perejil, cascarilla, alumbre en polvo, azúcar blanca y algodón. Meter la bolsita en ocho pilas de agua bendita en nombre de la Virgen de las Mercedes y cuando se sequen meterla dentro de la almohada del hijo o de la hija, en el medio del guano, de manera que no se sienta. Luego coger dos de sus medias blancas usadas, rellenarlas con cascarilla, manteca de cacao rallada y un poco de albahaca, hacerles un nudo a cada una y encima ponerles una fuente de agua clara con un velón blanco en el medio en nombre de la Virgen de las Mercedes, pidiéndole que el hijo deje la calle y regrese al hogar. Repetir el velón y cambiarle el agua a la fuente todos los jueves hasta que se vean los resultados. Luego tirar el agua hacia la calle.

225. Para Proteger a un Niño

Comprar la imagen del Santo Niño de Atocha y colocar la foto del niño debajo. Al frente se coloca una vela blanca diaria y una copa de agua con azúcar, alumbre y manteca de cacao. Cubrir la copa con algodón y cascarilla. Cambiar el agua los martes. Darle ocho baños de agua mineral, agua de coco, y agua de azahar al niño, en nombre de Obatalá pidiéndole que purifique su mente y su espíritu y lo proteja del peligro.

19. El Perfume ESTRUS

En los últimos años, debido a la popularidad creciente de temas relacionados con la llamada Nueva Era, que incluyen esencias, inciensos y fragancias esotéricas usados en baños lustrales y como perfumes mágicos, ha surgido una nueva tecnología conocida como la aromaterapia. Esta es una práctica mundial, pero que proviene mayormente de la India, en la cual se utilizan distintas clases de aromas u olores para afectar la actitud mental, los sentimientos y las acciones de quienes perciben estas fragancias. Naturalmente que ésta es una tecnología muy especializada y muy delicada la cual requiere profundos conocimientos de las distintas fragancias y cómo estas afectan al ser humano.

Hasta hace muy poco la práctica de la aromaterapia estaba relegada a personas con conocimientos más bien místicos, pero recientemente la aromaterapia ha captado el profundo interés de la ciencia, especialmente de la neurología, la cual está empezando a reconocer que el olfato es de gran importancia en las relaciones humanas y que los olores ocasionan cambios muy definitivos en el cerebro humano.

Tal vez la razón por la cual la ciencia ha decidido llevar a cabo estudios serios sobre la aromaterapia es el hecho de que su práctica continúa cada vez más en ascenso, particularmente por personas de fama internacional como la princesa Diana de Inglaterra, la cual usa esta nueva técnica para la relajación. Naturalmente, todos sabemos la importancia que los perfumes han tenido siempre para el ser humano a través de todos los tiempos y en diversas partes del mundo. Los manufacturadores de perfumes saben muy bien que todas las especies del reino animal se comunican entre sí a través de las sustancias conocidas como feromonas, las cuales son emitidas por los diferentes organismos y percibidos a través del olfato. Las feromonas son indispensables en la reproducción de las especies ya que la hembra de cada grupo emite feromonas especiales durante la época de la ovulación cuando le es más posible ser fertilizada por el varón de su especie. Esta época de la evolución de la hembra de una raza, durante la cual es más atractiva y llamativa al sexo opuesto se conoce como ESTRUS.

A fines del año 1986 yo recibí a través de una meditación la fórmula de una fragancia para el amor, la cual se compone de tres ingredientes principales, uno de los cuales es la canela. Los otros dos ingredientes no me es posible revelarlos ya que se trata de una fórmula secreta. Esta fórmula me fué revelada a través de la deidad conocida como Elegguá en la Santería, el cual me dijo que había demasiada guerra y mala voluntad en la tierra y que hacía falta más amor y buenos sentimientos entre los seres humanos. Por esta razón me dió los tres ingredientes del perfume, que pasó a conocerse como ESTRUS, el cual como ya les expliqué, es el ciclo sexual durante el cual la hembra de una especie es más atractiva hacia el sexo opuesto.

El perfume ESTRUS fué un fenómeno instantáneo. El primer día que salió la venta, la gente empezó hacer filas desde temprano en la mañana a las afueras de la puerta del almacén donde se estaba vendiendo el perfume. Su fama ha continuado extendiéndose a pesar de que su promoción es mínima y ahora

El *Perfume ESTRUS*

es conocido a través de la mayor parte de América Latina especialmente México, Honduras, Ecuador, Costa Rica, Colombia, Perú, Venezuela y Puerto Rico. La razón por la cual su fama ha crecido tan enormemente es que ESTRUS funciona de una manera extraordinaria. Todo el que lo usa nota cambios a su alrededor, en su vida amorosa, en sus relaciones con amigos y supervisores, en fin, en todos los aspectos de su vida. La mayor parte de la gente que lo huele quiere saber cuál es su nombre, ya que nunca han olido nada igual. A mí me han parado desconocidos en la calle, hombres y mujeres, para preguntarme el nombre de la fragancia que tenía puesta. Esta poderosa influencia del perfume se debe al tipo de feromonas del cual está compuesto, ya que cada uno de sus tres ingredientes principales tiene fama como afrodisíaco en la magia amorosa.

A fines de 1994, un conocido neurólogo llamado Alan Hirsch, especializado en la ciencia del olfato, dió a la luz el resultado de varios años de estudios sobre el efecto que ciertos olores tienen sobre el ser humano. Según el Dr. Hirsch hay algunas fragancias que ejercen una poderosa influencia sobre las ondas del cerebro. Por ejemplo, el olor a menta por la mañana es una de las formas más rápidas que existen para despertarse y es mucho más efectivo que el café para refrescar la mente y prepararla para enfrentar un nuevo día. Esta es la razón por la cual la mayor parte de los dentríficos tienen sabor a menta. En varios estados de la nación americana se ha comenzado a experimentar con el olor de menta en las escuelas por las mañanas para que los estudiantes estén mas alertas y puedan absorber mejor sus lecciones.

Por otra parte, según el Dr. Hirsch, las fragancias florales tienden a poner a la gente de mejor humor, mientras que olores desagradables estimulan negativamente el sistema nervioso y a menudo despiertan la agresividad y la violencia en quienes los huelen constantemente. Pero uno de los descubrimientos más esenciales del Dr. Hirsch afecta especialmente al perfume ESTRUS, ya que según el famoso neurólogo uno de los tres ingredientes principales de ESTRUS, la canela, actúa como un poderoso estímulo para el amor y la atracción sexual en el ser humano. De manera que existe ahora evidencia científica de que ESTRUS influye directamente en el cerebro humano, ocasionando cambios en las ondas cerebrales, las cuales resultan en el despertar de sentimientos amorosos o de simpatía hacia la persona que lo usa.

ESTRUS se usa en conjunción con la chakra del corazón y las chakras menores que se encuentran en las palmas de las manos y las plantas de los pies. Es por eso que es en esos puntos específicos que se debe usar el perfume.

No es necesario añadirle ningún otro ingrediente a ESTRUS ya que es en sí un poderoso incentivo para el amor, pero es posible usarlo en magias y trabajos amorosos o de buena suerte con resultados extraordinarios. Es por eso que esta sección se compone de varias de las recetas que yo recomiendo en mi columna De Mí Para Ti o en mi programa radial en New York. Los testimonios sobre el perfume y sus efectos llegan a nuestras oficinas cada vez en mayor número. Para mayor información sobre ESTRUS o sobre la columna De Mí Para Ti pueden llamar al (718)321-8770 o escribirme directamente al 56 East 116th St., New York, New York 10029 U.S.A.

Recetas de ESTRUS

226. Para Obtener un Nuevo Amor

Darse 21 baños de leche hervida con pan y doradilla. A cada baño, después de tibio y colado, se le añade una clara de huevo batida con azúcar, un poco de champagne rosado y tres gotas de ESTRUS. Mientras se hace este baño se debe tener una vela rosada encendida en la mano. Pedir al arcángel Anael, que es el angel del amor, que traiga un amor permanente a su vida. Rezar los salmos 44 y 45 todas la noches en nombre de Anael.

227. Para Lograr una Unión Entre Dos Personas

Recortar una foto de la mujer y otra del hombre en forma de corazón. Colocarlas una sobre la otra y pegarlas con algun adhesivo, rocearlas con ESTRUS y quemarlas. Juntar las cenizas con un poco de canela, almizcle y polvo imán. Echar un poco de ese polvo en cada bolsillo del pantalón o de la chaqueta y en los zapatos. Darse siete baños de canela, clavos, mirto, verbena y flor de cerveza hervidos en agua. Anadirle miel, anís y ESTRUS, a cada baño. Rezar el salmo 65 con una vela verde a Anael después del baño.

228. Para Obtener un Nuevo Amor

Darse siete baños de leche de cabra hervida con hojas de nogal, salvia y laurel. Después de colar el baño, se le añade tres cucharadas de azúcar negra, tres gotas de Estrus y tres gotas de agua de azahar. Colocar flores de azahar con raíz mandrágora y raíz de adán y eva en una bolsita roja roceada con ESTRUS y cargarla sobre el lado izquierdo del pecho. Esto es para obtener un amor nuevo, firme y duradero.

229. Para Obtener un Nuevo Amor

Durante siete viernes darse un baño de canela, pacholí y sándalo con miel, anís y un poco de ESTRUS. Cargar un imán roceado con ESTRUS en cada zapato. Esto es para conseguir un amor nuevo.

230. Para Casarse

Conseguir una pareja de novios de los que se ponen sobre el bizcocho de bodas. Colocar los novios adentro de una cajita plateada con los nombres del novio y de la novia debajo. Cubrirlos con flores de azahar, unos granos de arroz, polvo almizcle, polvo lirio de florencia, polvo plateado, azúcar y unas yuntas o mancuernillas de camisa para el novio, que sean de plata. Rocearlo todo con bastante ESTRUS, tapar la cajita y asegurarla con una liga de novia. Colocar la cajita debajo del colchón de la cama y dormir sobre de ella por siete noches. Al cabo de este tiempo abrir la cajita y sacar las yuntas y regalárselas al novio para que las use en los puños de la camisa. Regresar la cajita debajo del colchón.

231. Para Obtener el Amor de una Persona

Frotarse todo el cuerpo con siete limones verdes cortados por la mitad y cubiertos de miel. Luego darse siete baños, empezando viernes, de mirto, canela, cáscara de naranja, cáscara de manzana y claveles rojos, hervidos en agua. Después de colar cada baño añadirle una yema de huevo, miel y agua de rosas. Ahuecar una calabaza y poner el nombre de la persona amada en el fondo con un anillo de matrimonio, cinco yemas de huevo, cinco imanes, agua de azahar y miel. Taparla de nuevo y rocearla con ESTRUS y ponerla debajo de la cama en nombre de Oshún. A los cinco días meterla en una bolsa y dejarla cerca de un río con 25 centavos.

232. Para Conseguir Trabajo

Darse siete baños de rompezaragüey, toronjil, yerbabuena y anís. Colar los baños y añadirles ron, café, miel y una yema de huevo. Echarle un poco de harina de maíz a una botella de ESTRUS con una piedrita de la calle y usarlo a diario.

233. Para que Regrese la Esposa o Esposo

Se coloca una foto de la persona encima de un paño blanco y se rodea con un círculo de azúcar, flores de azahar y cascarilla en polvo. Todas las noches encender una vela rosada y rezar los salmos. 44 y 45 en nombre de su angel guardián, pidiendo que esa persona regrese. Colocar cinco corales, un poco de arena y un gota de miel dentro de una botella de ESTRUS en nombre de Oshún y usarlo a diario pidiéndole a Oshún que regrese el cónyugue en paz, amor y armonía.

234. Para Atraer el Amor y la Buena Suerte

Darse 24 baños de cáscara de manzana hervidas con gengibre, azafrán, canela, y pimienta roja. Añadirle miel, vino tinto y ESTRUS a cada baño.

235. Para que Haya Armonía en un Matrimonio

Escribir el nombre de los dos a lo largo de una cinta ancha amarilla de 10 pulgadas de largo. Pegarle o coserle 10 plumas de pavo real encima a la cinta, formando un abanico, de forma que las puntas de las plumas estén unidas. Pegarles lentejuelas doradas en la base de las plumas. Rocear el abanico con ESTRUS y ponerlo en la pared encima de la cabecera de la cama matrimonial en nombre de Oshún. Colocar el nombre de ambos esposos en una copa con miel, canela y alumbre. Al frente de la copa poner un velón amarillo continuo, pidiéndole a Oshún que endulce y alumbre sus caminos.

236. Para que Regrese el Esposo

Se consigue una camisa de él sin rayas, blanca o de color claro. Se corta y se cose un muñeco de seis pulgadas de largo de esa pieza. Se corta un corazón de una pieza usada de la esposa, se rocea con ESTRUS y se mete dentro del muñeco con siete cabellos de la esposa. Se le añade un poco de polvo del piso de la casa, azúcar negra y canela, polvo almizcle, polvo mosca y un algodón saturado en ESTRUS. Despues de rellenar y cerrar el muñeco, meterlo en un frasco de boca ancha con tres astillas de palo llamao, palo vente conmigo y palo para mí, tres imanes, miel, ron y precipitado rojo. Colocar el frasco al lado de la puerta de entrada y todos los días encenderle una vela roja encima de la tapa pidiendo al ángel guardián del esposo que lo haga regresar. Repetir la vela por 33 días.

237. Para Endulzar a Alguien que Está Indiferente

Colocar cuatro cabezas de ajo con cuatro imanes roceados con ESTRUS debajo de las cuatro esquinas del colchón de la cama. En el suelo debajo de la cama colocar una calabacita rellena con miel de abeja y pedirle a Oshún que endulce a esa persona. Cuando la calabaza se dañe, llevarla a un parque con 25 centavos.

238. Para Amor

Hacer una bolsa roja y rellenarla con lavándula, hojas de verbena, sándalo, y pacholí y un jabón de glicerina y usarla para bañarse durante un mes. Luego coser una almohadita de satén rosada y adentro colocar un algodón saturado con el perfume ESTRUS, azúcar y un pedazo de cuarzo rosa. Usar esa almohadita sobre la piel en el lado izquierdo del pecho a diario.

20. Epílogo

Durante el curso de este pequeño tratado sobre la magia y su uso he tratado de hacerles ver que todo lo que parece ser superstición es algo muy natural, que está regido por leyes cósmicas insondables. Los llamados trabajos y recetas mágicas, los maleficios, enviaciones, hechizos y brujerías trabajan porque están renforzados por el poder de la mente. Todo lo que sucede es que la mente proyecta un pensamiento con tal deseo y fuerza que ocasiona cambios en el aura humana, provocando ciertas reacciones que se consideran "mágicas." No hay nada en el universo que no pueda ser explicado por las leyes cósmicas. He ahí, pues, el verdadero poder de la magia.

Pero ¿funciona la magia? Naturalmente que sí. Sócrates, Platón, Benjamín Franklin, Isaac Newton, René Descartes y muchos otros grandes científicos y filósofos creían en la magia. Si creían ellos, ¿por qué vamos a dudar nosotros? Los que piensan que la magia es pura ignorancia y superstición saben muy poco sobre el poder de la mente humana. La ciencia moderna se ha convencido del valor de las llamadas prácticas mágicas y han empezado a hacer uso de éstas. En Nueva York, los hospitales Bellevue, Lincoln y Columbia Medical Center utilizan los servicios de santeros y espiritistas para curar pacientes. En Hollywood, hay muy pocos actores que no practiquen la magia y, por cierto, con muy buenos resultados.

A veces los trabajos mágicos funcionan de una manera milagrosa. Pero otras veces todo lo que se hace falla. ¿Por qué? Una de las razones principales es que la persona que hace el trabajo no tiene suficiente "fe," es decir potencialidad mental para que éste funcione. Otras veces la persona a quien se le "trabaja" tiene sus propias fuerzas mentales y astrales tan bien balanceadas que es difícil influenciarla. En realidad, todo tipo de magia va de una persona a otra o a otras. Es una especie de duelo astral en el cual se miden las fuerzas de dos contrincantes. Inevitablemente uno vence al otro. En la magia siempre vence el más fuerte. Esto significa que siempre tenemos que estar preparados mental y espiritualmente en contra de cualquier tipo de agresión mágica. Y si pensamos ser los agresores, tenemos que estar preparados también para la eventualidad de que la otra persona sea más fuerte y rechace las sugestiones psíquicas que intentemos plantarle.

La magia que mejor funciona es la de protección propia y la que no espera nada personal de alguien. Conseguir dinero, trabajo, o protección a través de la magia es siempre mucho más fácil que conseguir el amor, el matrimonio o el favor de otra persona. Para conseguir estas otras cosas es necesario aplicar más fuerza y determinación al trabajo "mágico."

Esto nos lleva al tópico de la magia negra. Como habrán notado ustedes, en este libro no hay recetas para hacer daño a nadie, para destruir a un rival o a un enemigo, o para ocasionar trastornos o el mal de nadie. El libro tiene recetas para protección propia, pero no a costa del mal ajeno. La razón por la que no incluí recetas de magia negra es que el mal es un puñal de dos filos. Todo el mal que tú le hagas a una persona, invariablemente regresa a ti y muchas veces triplicado. Por eso les expliqué cómo protegerse a través de la Ley del Tres.

Epílogo

Naturalmente que todos tenemos enemigos gratuitos, gente envidiosa, atormentada por los celos, o enfermas de un egoísmo monstruoso, que no desea que nadie triunfe o se supere o alcance la felicidad y la prosperidad. Estas personas están enfermas del alma y son dignas de nuestra lástima, no de nuestro odio. Es difícil contenerse, especialmente cuando alguien nos ha hecho daño, o trata de robarnos el amor o el negocio, o algo que queremos o necesitamos. Es difícil perdonar las ofensas, la envidia, la malevolencia y las malas intenciones. Pero si te esperas un poquito y dejas todo en las manos de Dios y sus leyes, vas a ver cómo esa persona que te ha hecho daño, recibe tarde o temprano su merecido. Una de las cosas más maravillosas y excitantes del poder de Dios, es que nunca falla. Espera y verás que lo que te digo es cierto.

Este libro fue escrito para ti, para ayudarte a mejorar tu vida, para enseñarte cómo puedes superarte y alcanzar la luz divina, sin ensuciar tu alma con pensamientos de venganza o de mala voluntad. Tú tienes en tus manos el control de tu destino porque Dios te hizo libre para escoger lo que desees. La magia es un juego, un reto que nos lanzamos los seres humanos los unos a los otros. Si juegas limpio tienes mucha mejor oportunidad de vencer porque las leyes del cosmo están contigo. Que Dios te bendiga y que Su Luz te guíe.

Obras
escogídas de...

LA MAGIA DE LAS PIEDRAS
Y LOS CRISTALES

Este libro trata sobre las diferencias entre
piedras y cristales y como pueden usarse
para transformar la vida humana.

5¼" x 8" • 160 pág.
1-56718-331-X
$6.95 U.S. • $9.95 Canadá

Migene González-Wippler

PEREGRINAJE
LA VIDA DESPUÉS DE LA MUERTE

¿Cree en la vida después de la muerte?
Aquí se exploran las teorías y experiencias
sobre la existencia de otras vidas.

5¼" x 8" • 240 pág.
0-87542-330-1
$9.95 U.S. • $13.50 Canadá

Scott Cunningham

INCIENSOS, ACEITES E INFUSIONES
Recetario Mágico
Haga sus propios unguentos, inciensos,
hierbas aromáticas y brebajes, dándole a
sus mezclas el poder para atraer felicidad.
5³/₁₆" x 8¹/₄" • 336 pág.
1-56718-930-X
$7.95 U.S. • $10.95 Canadá

Lecturas para la
mente y el espíritu...

Buckland, Ray
LA VERDAD SOBRE LA COMUNICACIÓN CON LOS ESPÍRITUS
Descubra el mundo de los espíritus basado en contactos e información obtenida a través de médiums.
60 pág. • 1-56718-879-6
$1.99 U.S. • $2.75 Canadá

series de:

La Verdad sobre...

Galde, Phyllis
LA VERDAD SOBRE LA CURACIÓN CON LOS CRISTALES
Presenta una fascinante variedad de cristales y gemas. Le enseñará las diferentes clases, su uso medicinal y su energía.
60 pág. • 1-56718-877-X
$1.99 U.S. • $2.75 Canadá

ALMANAQUE ASTROLÓGICO
1997

¡Conozca su futuro en el horóscopo para el año que viene!